I0158358

Codice Della Legge Canonica

Canone 66 lad ,azneugesnoc id ,anaitsirc aimonoce'L»
momento che è il nuovo e definitivo Testamento, non
morirà mai; e non bisogna aspettarsi nessuna pubblica
rivelazione prima della gloriosa manifestazione di nostro
Gesù Cristo Signore". Ma anche se la Rivelazione è già
completata, non è stata resa completamente esplicita;
alla fede cristiana rimane da cogliere il suo completo
significato nel corso dei secoli.

Canone 67 Negli anni ci sono state le cosiddette
ivate", alcune delle quali sono state rivelazioni "pr
riconosciute dall'autorità della Chiesa. Non
.appartengono, però, al deposito della fedeII loro
compito non è migliorare o completare la Rivelazione
definitiva di Cristo, ma aiutare a vivere più pienamente
in essa in certi periodi della storia. Guidato dal
Magisterium della Chiesa, il sensus fidelium sa come
discernere e dare il benvenuto a queste rivelazioni, sia
che costituiscano una chiamata autentica alla Chiesa
da parte di Cristo che da parte dei suoi santi.

La fede cristiana non può accettare "rivelazioni" che
sostengano di sorpassare o correggere la Rivelazione di
cui Cristo è il compimento, come nel caso di religioni
certamente non cristiane e anche di alcune recenti sette
che si basano su tali "rivelazioni".

1

Principi Cristiani:

Della Reincarnazione

Maria Di Magdala:

Ah! Mio Adorato! Ti Ho Raggiunto Alla Fine

Lamb Books
Versione illustrata per tutta la famiglia

LAMB BOOKS
Pubblicato da Lamb Books, 2 Dalkeith Court, 45 Vincent Street,
London SW1P 4HH;
UK, USA, FR, IT, SP, PT, DE
www.lambbooks.org
Prima pubblicato da Lamb Books 2013
questa edizione
001

Testo copyright @ Lamb Libri Nomina, 2013
Illustrazioni copyright @ Lamb Books, 2013
Il diritto morale dell'autore e illustratore è stato affermato
Tutti i diritti riservati
L'autore e l'editore sono grato al Centro Editoriale Valtoriano in Italia
per il permesso di citare il Poema dell'Uomo-Dio di Maria Valtorta, da
Valtorta Publishing

Situato in Bookman Old Style R
Stampato e rilegato da CPI Group (UK) Ltd, Croydon, CR0, 4YY

Fatta eccezione per gli Stati Uniti, questo libro è venduto a condizione
che essa non deve, a titolo di commercio o altrimenti, essere prestati,
rivenduto, locazione, o altrimenti distribuito senza il previo consenso
dell'editore in qualsiasi forma di associazione o di coprire diverso
quello in cui è pubblicata e senza una condizione simile compresa
questa condizione imposta sul successivo acquirente

Le **Cronache** Di **Gesù** E **Giuda Iscariota**

Coloro Che Sono Segnati

LAMBBOOKS

RICONOSCIMENTO

Il materiale contenuto in questo libro è tratto d'll Poema Dell'uomo Di'o ('Il Vangelo Come Mi È Stato Rivelato') da Maria Valtorta, prima approvata dal Papa Pio nel 1948 nel una riunione del Febbraio 1948, testimoniato da altri tre sacerdoti. Ordinò i tre sacerdoti presente "pubblicare questo lavoro cosi com'è".

Nel 1994 il vaticano approva gli appelli dei cristiani in tutto il mondo e ha cominciato ad esaminare il caso per la Canonizzazione di Maria Valtorta (Giovanni piccolo). Il poema del Uomo Dio' è stato descritto da un confessore del Papa Pio come "edificante".

Revelazioni mistiche sono stati per molto tempo la provincia dei sacerdoti ei religiosi. Ed ora sono ottenibile a tutti. Tutti coloro che leggono questo adattamento, troverà anche edificante. Attraverso questa luce, la fede può essere rinnovata.

Un ringraziamento speciale al Centro Editoriale Valtortiano in Italia per il permesso di citare il poema del uomo Dio di Maria Valtorta, soprannominato Giovanni piccolo.

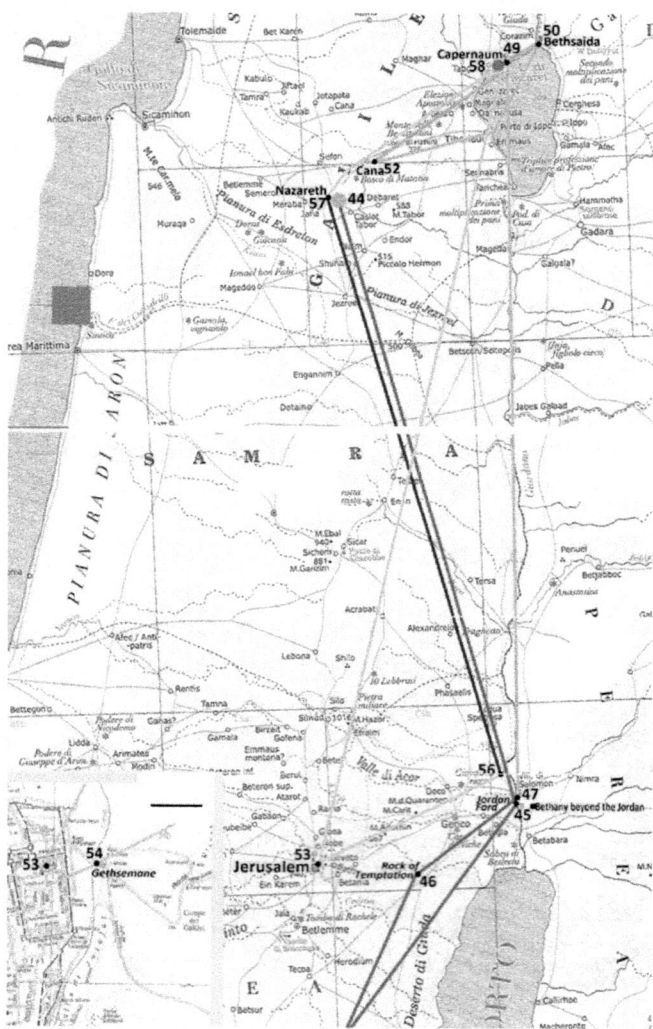

Gesù Si Reca All'albergo A Betlemme E Predica Dalle Rovine Della Casa Di Anna

E' mattina presto, in un luminoso giorno d'estate, e sottili strisce di nuvole rosa, come pennellate, dipingono il cielo come strisce di tessuto sfilacciato su un tappeto turchino.

Gli uccelli, rallegrati dalla luce splendente, riempiono l'aria di canti di passeri, merli e pettirossi che fischiettano, cinguettano e schiamazzano su uno stelo, un verme o un rametto che vogliono portare nel loro nido, da mangiare o su cui riposare.

Rondini dal dorso color ruggine sfrecciano dal cielo fino al piccolo ruscello per bagnarsi il petto bianco come la neve, rinfrescarsi e catturare una piccola mosca ancora addormentata su un piccolo stelo e poi sfrecciare indietro nel cielo in un lampo, come una lama incandescente, cinguettando allegramente.

Lungo le rive del ruscello, due cutrettole dalla testa blu, vestite di color cenere pallido, camminano con grazia come due damigelle; tenendo alte le lunghe code adorne di piccole macchie nere come il velluto. Si fermano a guardare i loro bei riflessi nell'acqua prima di riprendere il cammino, mentre un merlo, un vero furfante del bosco, le deride, fischiando con il suo lungo becco.

Nel fitto fogliame di un melo selvatico che cresce da solo accanto alle rovine, un usignolo chiama insistentemente il suo compagno, diventando silenzioso solo quando lo vede arrivare con un lungo bruco che si contorce nella morsa del suo becco sottile. Due colombi di città scappati da un nido, che ora dimorano nella libertà di un crepaccio in una torre in rovina, manifestano le loro effusioni d'amore; il maschio tubando seduttivamente a beneficio della modesta femmina.

Con le braccia conserte Gesù guarda tutte le creature felici e sorride.
"Sei già pronto, Maestro?" chiede Simone, dietro di Lui.
"Sì. Gli altri stanno ancora dormendo?"
"Sì."
"Sono giovani... Mi sono lavato in quel ruscello... l'acqua è così fresca che schiarisce la mente..."
"Vado a lavarmi ora."

Mentre Simone, indossando solo una tunica corta, si lava e si veste, Giuda e Giovanni arrivano.
"Saluti, Maestro, siamo in ritardo?"
"No, è ancora l'alba. Ma ora affrettatevi e andiamo."
I due si lavano e indossano le loro tuniche e i mantelli.
Gesù, prima di partire, raccoglie alcuni fiorellini che sono cresciuti tra le fenditure di due rocce e li mette in una piccola scatola di legno che contiene altri oggetti; "Li porterò a Mia Madre..." spiega. "Li amerà... Andiamo."

11

"Dove, Maestro?"

"A Betlemme."

"Di nuovo? Non credo che la situazione ci sia
favorevole..."

"Non importa. Andiamo. Voglio mostrarvi dove
vennero i Magi e dov'ero Io."

"In tal caso, ascolta. Perdonami, mi perdonerai,
Maestro? Ma lasciami parlare. Facciamo una cosa.
A Betlemme e all'albergo, lascia che parli e
risponda io alle domande. Voi galilei ora siete visti
malissimo in Giudea, e ancora meno qui che
altrove. Anzi, facciamo così: i vostri vestiti rivelano
che Tu e Giovanni siete galilei. E' troppo facile. E
poi... i vostri capelli! Perché continuate a portarli
così lunghi? Simone ed io scambieremo i mantelli
con i vostri. Simone, dai il tuo a Giovanni, io darò
il mio al Maestro. Ecco! Vedi? Sembri già più simile
a un giudeo. Ora prendi questo." E si toglie il suo
copricapo: a strisce gialle, marroni, rosse e verdi,
come il suo mantello, tenuto da una corda gialla, lo
mette in testa a Gesù, sistemandolo lungo le
guance per nascondere i Suoi capelli biondi.
Giovanni indossa quello molto scuro di Simone.

"Oh! Va meglio ora. Ho senso pratico."

"Sì, Giuda, hai senso pratico. Questo è vero. Bada,
comunque, che non superi l'altro senso."

"Quale, Maestro?"

"Il senso spirituale."

"No! No! Ma in certi casi paga di più essere un
politico che un ambasciatore. E ascolta... stai
buono ancora un po'... è per il Tuo bene... Non
contraddirmi se dovessi dire qualcosa... qualcosa...
che non è vero."

"Cosa intendi? Perché mentire? Io sono la Verità e
non voglio bugie in Me o attorno a Me."

"Oh! Dirò solo mezze bugie. Dirò che stiamo
tornando da luoghi lontani, dall'Egitto ad esempio,
e che cerchiamo notizie di cari amici. Dirò che

siamo giudei di ritorno dall'esilio. Dopo tutto, c'è un po' di verità in tutto, e parlerò io e... una bugia in più, una in meno... "

"Ma Giuda! Perché ingannare?"

"Non preoccuparti, Maestro! Il mondo vive di inganni. E' a volte l'inganno è una necessità. Bene: per farti felice, dirò solo che veniamo da lontano e che siamo giudei. Che è vero per tre su quattro di noi. E tu, Giovanni, per favore non parlare per niente. Ti inganneresti."

"Starò tranquillo."

"Poi... se tutto andrà bene... diremo il resto. Ma non credo... sono astuto, afferro subito le cose."

"Lo vedo, Giuda. Ma preferirei che fossi semplice."

"Non è molto d'aiuto. Nel Tuo gruppo, io sarò colui che affronterà le missioni difficili. Lasciami continuare." Gesù è riluttante. Ma accetta. Partono, camminando prima intorno alle rovine e poi lungo un massiccio muro senza finestre, dall'altra parte del quale arrivano ragli, muggiti, belati e i bizzarri versi di cammelli. Svoltano a un angolo del muro e si ritrovano nella piazza di Betlemme, con una fontana al centro. La forma della fontana è ancora obliqua come nella notte della visita dei Magi, ma lungo la strada dove la piccola casa che nella stessa notte era stata bagnata dai raggi argentini della Stella, c'è ora solo una larga apertura piena di rovine, sormontata dalla piccola scala esterna e dal suo pianerottolo. Gesù guarda e sospira.

La piazza è piena di gente attorno a mercanti di cibo, utensili, vestiti e altri oggetti, tutti sparsi su tappeti o in cestini per terra, con i mercanti chinati al centro dei loro... negozi o in piedi, urlando e gesticolando con acquirenti avari.

"E' il giorno del mercato" dice Simone.

L'ingresso principale dell'albergo dove avevano alloggiato i Magi è spalancato e una fila di asini carichi di beni sta uscendo. Giuda entra per primo, si guarda attorno arrogantemente e afferra uno sporco facchino in maniche corte, con la sua corta tunica che arriva alle ginocchia. "Facchino!" urla. "Il padrone! Presto! Fai presto! Non sono abituato ad aspettare la gente."

Il ragazzo corre via, tirandosi dietro una scopa.
"Ma Giuda! Che maniere!"
"Stai tranquillo, Maestro. Lasciami fare. E'
importante che ci considerino gente ricca che

proviene dalla città."

Il padrone accorre e si inchina ripetutamente a Giuda, che appare solenne nel mantello rosso scuro di Gesù indossato sulla sua sontuosa tunica gialla piena di frange.

"Siamo venuti da lontano, buonuomo. Siamo giudei delle comunità asiatiche. Questo gentiluomo, nato a Betlemme e perseguitato, ora sta cercando dei cari amici. Noi siamo con Lui. Siamo venuti da Gerusalemme, dove abbiamo adorato l'Altissimo nella Sua Casa. Puoi darci alcune informazioni?"

"Mio signore... il tuo servitore... farà tutto per te. Dammi i tuoi ordini."

"Vogliamo informazioni su molti... e soprattutto su Anna, la donna la cui casa era di fronte al tuo albergo."

"Oh! Povera donna! La troverai solo nel grembo di Abramo. E i suoi figli con lei."

"E' morta? Come?"

"Non sai del massacro di Erode? Tutto il mondo ne ha parlato e anche Cesare l'ha chiamato 'un maiale che si nutre di sangue'. Oh! Cosa ho detto? Non riferirlo! Sei davvero un giudeo?"

"Ecco il segno della mia stirpe. Allora? Vai avanti."

"Anna fu uccisa dai soldati di Erode, con tutti i suoi figli, eccetto una figlia."

"Ma perché? Era così buona?"

"La conoscevi?"

"Sì, molto bene." Giuda mente spudoratamente.

"Fu uccisa perché diede ospitalità a coloro che dissero di essere il padre e la madre del Messia... Venite qui, in questa stanza... I muri hanno orecchie ed è pericoloso parlare di certe cose."

Entrano in una stanza bassa e buia e si siedono su un divano basso.

"Ora... Io avevo un naso meraviglioso. Non sono un albergatore per niente. Sono nato qui, il figlio di

figli di albergatori. Le astuzie sono nel mio sangue.
E non ne ho avute. Avrei potuto trovare un
nascondiglio per loro. Ma... poveri, sconosciuti
galilei quali erano... Oh! No! Ezechia non cadrà
nella trappola! E ho sentito... ho sentito che erano
diversi... quella donna... i Suoi occhi... qualcosa...
no, no... Deve aver avuto un demone dentro se
stessa e parlò con lui. E lo condusse... non da
me... ma in città. Anna era più innocente di un
agnellino, e diede loro ospitalità qualche giorno
dopo, quando Ella aveva già avuto il Bambino.
Dissero che era il Messia... Oh! I soldi che ho fatto
in quei giorni! Il censimento fu nulla a confronto!
Venne qui molta gente che non aveva niente a che
fare con il censimento. Vennero anche dal mare,
anche dall'Egitto a vedere... e durò per mesi! Che
profitto ne trassi! Gli ultimi a venire furono tre re,
tre persone potenti, tre magi... non saprei! Che
carovana! Infinita!
Presero tutte le stalle e pagarono in oro tanto fieno
che sarebbe potuto durare un mese, e andarono
via il giorno dopo, lasciando tutto qui. E che doni
diedero ai garzoni e alle donne!
E a me! Oh! Posso solo parlar bene del Messia, che
fosse vero o falso. Mi ha fatto guadagnare mucchi
di denaro. E non ho avuto sventure. Nessuno della
mia famiglia morì, perché mi ero appena sposato.
Così... ma gli altri!"
"Vorremmo vedere i luoghi del massacro."
"I luoghi? Ma ogni casa fu il luogo di un massacro.
Fu uccisa gente per miglia attorno a Betlemme.
Venite con me."
Salgono per una scalinata su un ampio tetto
terrazzato da cui scorgono gran parte della
campagna e tutta Betlemme distesa sulle colline
come un ventaglio aperto.
"Vedete i punti in rovina? Laggiù anche le case
furono incendiate perché i padri difesero i loro figli

con le armi. Vedete laggiù, quello che sembra un pozzo coperto di edera? Quelli sono i resti della sinagoga. Fu incendiata con il sacerdote che dichiarò che era davvero il Messia... incendiata dai sopravvissuti, inselvaggiti per l'assassinio dei loro figli. Abbiamo avuto problemi per quello dopo... E lì, e lì, lì... vedete quei sepolcri? Le vittime sono sepolte là. Sembrano piccole pecore sparse su tutto il prato, fin dove arriva l'occhio. Tutti gli innocenti e i loro padri e le loro madri... Vedete quella vasca? L'acqua che conteneva era rossa dopo che gli assassini lavarono in essa le armi e le loro mani. E il ruscello qui dietro, l'avete visto? Era rosa del sangue che scorreva in esso dalle fogne. E lì, laggiù, di fronte a noi. Ecco cosa rimane della casa di Anna."

Gesù sta piangendo.

"La conoscevi bene?"

Giuda risponde: "Era come una sorella per Sua Madre. Vero, amico mio?"

"Sì. " dice Gesù, semplicemente.

"Capisco" dice l'albergatore che diventa pensieroso.

Gesù si piega in avanti per parlare con Giuda a bassa voce.

"Il mio amico vorrebbe andare tra quelle rovine" dice Giuda.

"Lascialo andare! Appartengono a tutti!"

Tornano giù, salutano ed escono lasciando deluso l'oste che sperava di guadagnare qualcosa.

Attraversano la piazza e si inerpicano sulla piccola scalinata lasciata eretta sulle rovine della casa di Anna e sul pianerottolo che è circa due metri al di sopra della piazza. Gesù si ferma accanto al muretto che cinge il pianerottolo, con il vuoto alle Sue spalle. Dalla piazza, la Sua figura si staglia chiaramente contro il sole che splende dietro di Lui, formando un alone attorno ai Suoi capelli dorati e rendendo la Sua tunica di lino bianco

come la neve - l'unico indumento che ancora
indossa - di un bianco brillante. Il Suo mantello gli
è caduto dalle spalle e ora giace ai Suoi piedi come
un piedistallo multicolore.
"Da qui" dice Gesù "Mia Madre Mi ha fatto salutare
con la mano i Tre Saggi e da qui siamo partiti per
andare in Egitto."
La gente guarda i tre uomini sulle rovine ed uno
chiede: "Sono parenti di Anna?"
"Sono amici."
"Non fate del male alla povera donna morta..." urla
una donna "... non fatelo, come fecero altri amici
quando era viva, e poi scapparono."

Gesù distende le braccia, ma quando Giuda vede
il gesto dice: "Non parlare! Non è saggio!"
Ma la voce potente di Gesù riempie la piazza:
"Uomini di Giuda! Uomini di Betlemme, ascoltate!
Donne della terra sacra a Rachele, ascoltate!
Ascoltate Colui Che discende da Davide, e avendo
sofferto persecuzioni, è divenuto degno di parlare,
e vi sta parlando per darvi luce e conforto.
Ascoltate."
La gente smette di urlare, litigare e comprare e si
raduna.
"E' un rabbino!"
"Viene certamente da Gerusalemme."
"Chi è?"
"Che bell'uomo!"
"E che voce!"
"E i Suoi modi!"
"Certamente, è della Casa di Davide!"
"E' uno dei nostri, allora!"
"Ascoltiamolo!"
Tutta la folla si è ora radunata accanto alla
scaletta che sembra un pulpito.
"Nella Genesi è scritto: 'Vi renderò nemici l'un
l'altro: te e la donna: Ella ti colpirà in testa e tu la

colpirai al tallone.' E' anche scritto: 'Io
moltiplicherò i tuoi dolori nella gravidanza... e il
suolo ti porterà rovi e cardi.' Quella fu la sentenza
contro l'uomo, la donna e il serpente. Io sono
venuto da lontano a venerare la tomba di Rachele,
nella brezza della sera, nella rugiada della notte,
nel triste canto mattutino dell'usignolo.
Ho sentito ripetersi gli antichi singhiozzi di
Rachele, e furono ripetuti dalle bocche di molte
madri di Betlemme, nelle loro tombe e nei loro
cuori. E ho sentito ruggire il dolore di Giacobbe nel
dolore dei mariti vedovi privati delle loro mogli,
uccise dal dolore... Io piango con voi... Ma
ascoltate, fratelli della Mia terra. Betlemme, la
terra benedetta, l'ultima delle città di Giuda, ma la
più grande agli occhi di Dio e dell'umanità, sollevò
l'odio di Satana perché fu la culla del Salvatore,
come dice Mica, destinata ad essere il tabernacolo
su cui la Gloria di Dio, il Fuoco di Dio, il Suo
Amore Incarnato avrebbe riposato.
'Vi renderò nemici l'un l'altro: te e la donna; Ella ti
colpirà in testa e tu la colpirai al tallone.' Quale
inimicizia è più grande di quella diretta ai figli delle
madri, il vero cuore di una donna? E quale tallone
è più forte di quello della Madre del Salvatore? La
vendetta di Satana sconfitto è stata pertanto
naturale: egli non ha colpito i talloni, ma i cuori
delle madri, a causa della Madre.
Oh! I dolori si sono moltiplicati quando i bambini
furono perduti dopo esser stati partoriti! Oh! E'
stato grande il dolore di essere un padre senza figli
dopo aver seminato e lavorato per il germoglio!
Tuttavia, Betlemme, rallegrati! Il tuo sangue puro,
il sangue degli innocenti ha preparato una strada
di colore porpora ardente per il Messia..."
Alla menzione del Salvatore e della Madre, la folla
diviene sempre più turbolenta e ora mostra chiari
segni di agitazione.

"Stai calmo, Maestro, e andiamo" dice Giuda.

Ma Gesù va avanti: "... perché il Messia, Che la Grazia di Dio-Padre ha salvato dai tiranni per preservarlo per il Suo popolo e la sua salvezza e..." La voce acuta di una donna che grida istericamente si diffonde... "Cinque, cinque ne ho partoriti ed ora nessuno è nella mia casa. Povera me!"

Il tumulto comincia.

Un'altra donna si rotola nella polvere, si strappa il vestito e mostra un seno mutilato del capezzolo, urlando: "Qui, qui su questo seno hanno assassinato il mio primogenito! La spada tagliò il suo volto e il mio capezzolo allo stesso tempo. Oh! Il mio Ellis!"

"Ed io! Ed io? Ecco il mio palazzo reale. Tre tombe in una, sorvegliate dal padre: mio marito e i miei figli assieme. Là, là! Se esiste un Salvatore, fa' che Mi riporti indietro i miei bambini, fa che mi salvi dalla disperazione, da Belzebù deve salvarmi."

Tutti urlano: "I nostri figli, i nostri mariti, i nostri padri! Fa' che ce li riporti indietro, se esiste!"

Gesù scuote le braccia imponendo silenzio.

"Fratelli della Mia terra: Vorrei riportarvi i vostri figli, nella loro carne. Ma vi dico: siate buoni, rassegnatevi, perdonate, sperate, rallegratevi nella speranza ed esultate in una certezza: avrete presto i vostri figli, angeli nel Paradiso, perché il Messia sta per aprire le porte del Paradiso, e se sarete giusti, la morte sarà una nuova Vita e un nuovo Amore...! "

"Ah! Sei Tu il Messia? In nome di Dio, diccelo."

Gesù abbassa le braccia in un gesto così dolce e gentile, come se li stesse abbracciando tutti, e dice: "Sì, sono Io."

"Vattene! Vattene! E' colpa Tua, allora!" Ci sono fischi e insulti e un sasso fende l'aria diretto al pianerottolo.

Giuda, reagendo istintivamente, balza di fronte a
Gesù, sul muro basso del pianerottolo, con il
mantello spalancato e, intrepido, fa scudo a Gesù
dalle pietre. Il sasso colpisce Giuda al volto
facendolo sanguinare, ma egli urla a Giovanni e
Simone: "Portate via Gesù. Dietro quegli alberi. Io
vi seguirò. Andate, nel nome del Paradiso!" E urla
alla folla: "Cani impazziti! Io sono del Tempio e vi
denuncerò al Tempio e a Roma."
Per un momento, la folla è spaventata. Poi la
pioggia di pietre ricomincia subito ma,
fortunatamente, il loro obiettivo manca. E Giuda,
senza paura, raccoglie un sasso lanciato a lo
rilancia sulla testa di un uomo anziano che urla
come una gazza spennata viva! Anche Giuda
risponde con un linguaggio offensivo alle
maledizioni della folla.

Quando la folla tenta di salire sul suo piedistallo,
egli scende dal muretto, raccoglie velocemente un
vecchio ramo dal terreno e lo scaglia senza pietà su
dorsi, teste e mani. Alcuni soldati accorrono sul
posto e con le loro lance si fanno strada tra la folla:
"Chi sei Tu? Perché questa rissa?"
"Sono un giudeo e sono stato attaccato da questi
plebei. Un rabbino, ben conosciuto ai sacerdoti,
era con me. Stava parlando a questi cani. Ma si
sono inselvaggiti e ci hanno attaccato."
"Chi sei Tu?"
"Giuda di Kariot, ero un uomo del Tempio. Ora,
sono un discepolo del rabbino Gesù di Galilea e un
amico di Simone il Fariseo, di Giovanni il Sadduceo
e di Giuseppe di Arimatea, il consigliere del
sinedrio, e infine, di Eleazar ben Anna, il grande
amico del proconsole, e puoi controllare."
"Lo farò. Dove stai andando?"
"Sto andando a Kariot con il mio amico, poi a
Gerusalemme."

"Vai. Vi proteggeremo alle spalle."
Giuda porge alcune monete al soldato. E' illegale...
ma piuttosto comune, perché il soldato le prende
rapidamente e cautamente, saluta e sorride. Giuda
salta giù dalla sua piattaforma e attraversa il
campo non coltivato, con qualche balzo, finché
raggiunge i suoi compagni.
"Ti sei ferito gravemente?"
"No, non è niente, Maestro! In ogni caso, è per Te...
Ma anch'io ho dato loro una lezione. Devo essere
coperto di sangue..."
"Sì, sulla guancia. C'è un rivolo qui."
Giovanni bagna un pezzetto di stoffa e lo passa
sulla guancia di Giuda.
"Mi dispiace, Giuda... Ma vedi... dir loro che siamo
Giudei, secondo il tuo buon senso pratico..."
"Sono delle bestie. Credo che Tu ora ne sia
convinto, Maestro. E spero che non insisterai..."
"Oh! No! Non perché ho paura. Ma perché è inutile,
ora. Quando non ci vogliono, non dobbiamo
maledirli, ma ritirarci in preghiera per la gente
povera e folle, che muore di fame e non vede il
Pane. Andiamo lungo questo sentiero fuori mano,
verso i pastori, se riusciamo a trovarli. Penso che
potremo proseguire verso la strada di Hebron..."
"Per farci lanciare altre pietre? "
"No. Per dir loro: 'Io sono qui.' "
"Cosa? ... Ci picchieranno certamente. Hanno
sofferto per trent'anni a causa Tua."
"Vedremo."
E scompaiono in un boschetto fresco, ombreggiato
e fitto.

Gesù E I Pastori Elia, Levi E Giuseppe.

Le colline salgono sempre più in alto e le foreste
diventano sempre più fitte fuori da Betlemme, fino
a formare una vera catena montuosa. Gesù,
arrampicandosi per primo, si guarda attorno in
silenzio come se fosse ansioso di trovare qualcosa.
Egli ascolta più le voci del bosco che quelle degli
apostoli che sono a qualche metro da Lui e parlano
tra di loro. Ascoltando, Egli ode il din don di una
campana trasportato dal vento e sorride. Poi,
voltandosi, dice:
"Sento le campane delle pecore."
"Dove, Maestro?"
"Credo vicino a quella collinetta. Ma il bosco Mi
impedisce di vedere."
Per il caldo gli apostoli si sono tolti i mantelli, li
hanno arrotolati e li portano sulla schiena. Senza
esitazione, Giovanni si toglie l'altra tunica e ora,
indossando solo la sua tunica corta, getta le
braccia attorno a un tronco di frassino alto e liscio
e si arrampica... fin quando non riesce a vedere.
 "Sì, Maestro. Ci sono varie mandrie e tre pastori
laggiù, dietro quel boschetto.
Torna indietro e procedono, sicuri del loro
percorso.
"Saranno loro?"
"Chiederemo, Simone, e se non sono loro, ci

diranno qualcosa... Si conoscono."

Dopo un centinaio di metri, escono su un ampio
pascolo verde, completamente circondato da
giganteschi alberi molto vecchi e molte pecore che
pascolano sull'erba fitta del campo ondulato. Ci
sono anche tre uomini, che guardano le pecore:
uno vecchio con i capelli tutti bianchi, un secondo
uomo di circa trent'anni e il terzo di circa
quarant'anni.
"Stai attento, Maestro. Sono pastori..." avverte
Giuda quando vede Gesù allungare il passo.
Ma, senza rispondere a Giuda, Gesù si affretta,
alto e bello nella Sua tunica bianca e con il sole al
tramonto di fronte a sé, sembra un angelo.

"La pace sia con voi, Miei amici" saluta quando
raggiunge il confine del campo.
I tre uomini si voltano, sorpresi. C'è una pausa

silenziosa... poi l'uomo più anziano chiede:
"Chi sei? "
"Qualcuno Che ti ama."
"Saresti il primo in tanti anni. Di dove sei?"
"Della Galilea."
"Della Galilea? Oh!" L'uomo Lo guarda
attentamente... e gli altri due si avvicinano.
"Della Galilea" ripete il pastore. E a voce molto
bassa, come parlando tra sé, aggiunge "Anche Lui
veniva dalla Galilea", e di nuovo ad alta voce, il
pastore chiede "Da quale città, mio Signore?"
"Da Nazaret."
"Oh! Bene, dimmi. E' mai tornato a Nazaret un
Bambino, un Bambino con una donna il cui nome
era Maria e un uomo chiamato Giuseppe, un
Bambino, Che era ancora più bello di Sua Madre,
così bello che non ho mai visto un fiore più bello
sulle pendici di Giuda? Un Bambino nato a
Betlemme di Giuda, al tempo dell'editto? Un
Bambino che dopo fuggì, ancora più
fortunatamente per il mondo. Un Bambino, oh!
Darei la mia vita solo per sentire se è vivo...
Dev'essere un uomo ora."
"Perché dici che la Sua fuga fu una grande fortuna
per il mondo?"
"Perché Egli era il Salvatore, il Messia ed Erode Lo
voleva morto. Io non c'ero quando fuggì con Suo
padre e Sua madre. Quando sentii del massacro e
tornai... perché anch'io avevo figli (singhiozza), mio
Signore, e una moglie... (singhiozza), e sentii che
erano stati uccisi (singhiozza ancora), ma giuro sul
Dio di Abramo che ero più preoccupato per Lui che
per la mia stessa famiglia – sentii che era fuggito e
non potevo nemmeno far domande; non potei
nemmeno portar via le mie creature assassinate...
Mi lanciarono pietre, come fanno con i lebbrosi e la
gente impura, mi trattarono come un assassino... e
dovetti nascondermi nei boschi, e vivere come un

lupo... fin quando trovai un maestro. Oh! Non è
più Anna... E' duro e crudele... Se una pecora si fa
male, se un lupo cattura un agnello, o mi pesta a
sangue o mi toglie il misero stipendio, e devo
lavorare nel bosco per altra gente, devo fare
qualcosa, per ripagarlo tre volte tanto.
Ma non importa. Ho sempre detto all'Altissimo: 'Fa
che io veda il Tuo Messia, almeno fammi sapere
che è vivo, e tutto il resto non è nulla.' Mio Signore,
Ti ho detto come mi ha trattato la gente di
Betlemme, e come mi tratta il mio padrone. Avrei
potuto ripagarli delle loro stesse monete, avrei
potuto offenderli, rubando, in modo da non soffrire
a causa del mio padrone. Ma ho preferito soffrire,
perdonare, essere onesto, perché gli angeli dissero:
'Gloria a Dio nell'Alto dei Cieli e pace in terra agli
uomini di buona volontà.'"
"E' ciò che dissero?"
"Sì, mio Signore, devi credermi, almeno Tu Che sei
buono. Devi sapere e credere che il Messia sia
nato. Nessuno ci crederebbe ormai. Ma gli angeli
non mentono... e noi non eravamo ubriachi, come
dissero. Quest'uomo qui era un ragazzo allora e fu
il primo a vedere l'angelo. Aveva bevuto solo latte.
Il latte può ubriacare? L'angelo disse: 'Oggi, nella
città di Davide è nato il Salvatore, è Cristo, il
Signore. Ed ecco un segno per voi. Troverete un
Bambino in fasce Che giace in una mangiatoia.'"
"Dissero esattamente questo? Non li fraintendeste?
Non sei confuso, dopo così tanto tempo?"
"Oh! No! Vero, Levi? Per non dimenticare, – non
avremmo potuto dimenticare in ogni caso, perché
furono parole paradisiache e furono scritte nei
nostri cuori con un fuoco paradisiaco – ogni
mattina, ogni sera, quando il sole sorge, quando la
prima stella comincia a brillare, le ripetiamo come
una preghiera, come una benedizione, per avere
forza e conforto nel Suo nome e in quello di Sua

Madre."

"Ah! Hai detto: 'Cristo'?"

"No, mio Signore. Noi diciamo: 'Gloria a Dio nell'Alto dei Cieli e pace in terra agli uomini di buona volontà, attraverso Gesù Cristo Che è nato da Maria in una stalla a Betlemme e Che, in fasce, giaceva in una mangiatoia, Colui Che è il Salvatore del mondo.'"

"Ma, in breve, chi state cercando?"

"Gesù Cristo, il Figlio di Maria, il Nazareno, il Salvatore."

"Sono Io." E Gesù è radiante mentre si rivela ai Suoi perseveranti, fedeli e pazienti amici.

"Tu! Oh! Signore, Salvatore, il Nostro Gesù!" I tre uomini si prostrano al terreno e baciano i piedi di Gesù, piangendo di gioia.

"Alzatevi. Alzatevi. Elia e tu, Levi, e tu, di cui non conosco il nome."

"Giuseppe, il figlio di Giuseppe."

"Questi sono i Miei discepoli, Giovanni, un galileo, Simone e Giuda, giudei."

I pastori non sono più prostrati al terreno, ma in ginocchio, seduti sui talloni. E così adorano il Salvatore con occhi amorevoli e labbra tremanti, mentre i loro volti diventano bianchi e rossi dalla gioia. Gesù si siede sull'erba.

"No, mio Signore. Tu, Re di Israele, non devi sederti sull'erba."

"Non preoccupatevi, miei cari amici. Io sono povero. Un carpentiere per il mondo. Sono ricco solo del Mio amore per il mondo, e dell'amore che ricevo dalla gente buona. Sono venuto a stare con voi, per condividere il pasto serale con voi e dormire accanto a voi sulla paglia, e ricevere il vostro conforto ad alta voce "

"Oh! Conforto! Noi siamo rozzi e perseguitati!"

"Anch'io sono perseguitato. Ma voi Mi date ciò che cerco: amore, fede e speranza, una speranza che durerà anni e porterà fiori. Vedete? Voi Mi avete aspettato e avete creduto senza il minimo dubbio che Io fossi il Messia. E sono venuto da voi."

"Oh! Sì! Sei venuto. Ora, anche se morirò, non sarò turbato dall'aver atteso invano."

"No, Elia. Tu vivrai fino al trionfo di Cristo e oltre. Tu hai visto la Mia alba, devi vedere la Mia Gloria. E gli altri? Eravate dodici: Elia, Levi, Samuele, Giona, Isacco, Tobia, Gionata, Daniele, Simeone, Giovanni, Giuseppe, Beniamino. Mia madre Mi ha sempre menzionato i vostri nomi. Perché siete stati i Miei primi amici."

"Oh!" I pastori sono sempre più commossi.

"Dove sono gli altri?"

"Il vecchio Samuele morì di vecchiaia circa vent'anni fa. Giuseppe fu ucciso perché combatté all'entrata del recinto per dar tempo a sua moglie, che era divenuta madre solo poche ore prima, di fuggire con quest'uomo, che io presi con me per il bene del mio amico... anche per avere di nuovo dei bambini intorno a me. Presi con me anche Levi... fu perseguitato. Beniamino è un pastore in Libano con Daniele. Simeone, Giovanni e Tobia, che ora vuol farsi chiamare Matteo in memoria di suo padre che fu anche ucciso, sono discepoli di Giovanni.

Giona lavora sulla piana di Esdrelon per un fariseo. Isacco soffre molto per la sua schiena che è piegata in due. Vive in terribile povertà, tutto solo a Juttah. Noi lo aiutiamo più che possiamo, ma siamo stati tutti duramente colpiti e il nostro aiuto è come gocce di rugiada su un fuoco. Gionata ora è il servo di uno dei prezzi grossi di Erode."

"Come avete fatto voi, e soprattutto Gionata, Giona, Daniele e Beniamino a ottenere questi impieghi?"

"Mi ricordai del Tuo parente Zaccaria... Tua madre mi aveva mandato da lui. Quando eravamo nelle

gole sulle montagne di Giudea, fuggitivi e
maledetti, li portai da lui. Fu buono con noi. Ci
diede rifugio e cibo. E ci trovò un lavoro. Fece quel
che poté. Io avevo già portato tutto il gregge di
Anna per l'erodiano... e restai con lui... Quando il
Battista, divenuto uomo, cominciò a predicare,
Simone, Giovanni e Tobia andarono da lui."
"Ma ora il Battista è in prigione."
"Sì, e loro sono di guardia vicino a Macheronte, con
alcune pecore, per evitare di destare sospetti. Le
pecore furono date loro da un uomo ricco, un
discepolo del Tuo parente Giovanni."
"Vorrei vederli tutti."
"Sì, mio Signore. Andremo a dir loro: 'Venite, Egli è
vivo. Si ricorda di noi e ci ama.'"
"E vuole che siate Suoi amici."
"Sì, mio Signore."
"Ma andremo prima da Isacco. E dove sono sepolti
Samuele e Giuseppe?"
"Samuele a Hebron. E' rimasto al servizio di
Zaccaria. Giuseppe... non ha una tomba. Fu
bruciato con la casa."
"Non è più nel fuoco crudele, ma nelle fiamme
dell'amore di Dio e sarà presto nella Sua gloria. Vi
dico che è così, e in particolare a te, Giuseppe,
figlio di Giuseppe. Vieni qui, in modo che possa
baciarti per ringraziare tuo padre."
"E i miei figli?"
"Essi sono angeli, Elia. Angeli che ripeteranno il
"Gloria" quando il Salvatore sarà incoronato."
"Re?"
"No, Redentore. Oh! Quale processione di giusti e
santi! E in testa ci saranno le falangi bianche e
porpora dei martiri! Appena si apriranno la porte
del Limbo, ascenderemo insieme al Regno eterno.
E allora voi verrete e troverete i vostri padri, madri
e figli nel Signore! Credetemi."
"Sì, mio Signore."

"Chiamatemi: Maestro. Sta diventando buio. la prima stella del mattino sta cominciando a splendere. Dite le vostre preghiere prima di cena."
"Non io. Dille tu, per favore."
I discepoli e i pastori rimangono in ginocchio mentre Gesù si alza e, con le braccia distese, prega:
"Gloria a Dio nell'Alto dei Cieli e pace in terra agli uomini di buona volontà che avranno meritato di vedere la Luce e servirla. Il Salvatore è tra loro. Il Pastore regale è con il Suo gregge. La Stella del mattino è sorta. Rallegratevi, gente giusta! Rallegratevi nel Signore. Colui Che creò le volte del paradiso e le cosparse di stelle, Che collocò i mari ai confini della terra, Che creò i venti e la rugiada, e fissò il corso delle stagioni per dare pane e vino ai Suoi figli, ora vi manda un cibo più Sublime: il Pane vivente che discende dal Paradiso, il Vino della Vigna eterna. Venite a Me, voi che siete i Miei primi adoratori. Venite a conoscere il Padre Eterno nella verità, a seguirlo nella santità e a ricevere la Sua ricompensa eterna."

I pastori offrono pane a altro latte, e poiché ci sono solo tre zucche vuote usate come ciotole, Gesù è il primo a mangiare, con Simone e Giuda. Poi Giovanni, a cui Gesù porge la sua ciotola, con Levi e Giuseppe. Elia è l'ultimo.
Le pecore hanno finito di pascolare e ora si sono radunate in un gruppo compatto, forse in attesa di essere condotte al loro recinto. I tre pastori conducono le pecore nel bosco, in un capanno rustico fatto di rami e cinto da funi. Poi, laboriosamente, preparano un letto di paglia per Gesù e i Suoi discepoli, e dopo accendono dei fuochi per tenere lontano gli animali selvatici.

Giuda e Giovanni si distendono e, stanchi come

sono, si addormentano presto. Simone, che
vorrebbe far compagnia a Gesù, si addormenta
anch'egli poco dopo, seduto sulla paglia e
appoggiato a un palo.

 Gesù resta sveglio con i pastori e parlano di
Giuseppe, Maria, la fuga in Egitto, il loro ritorno...
e dopo domande sull'amicizia amorevole, i pastori
fanno domande più nobili come cosa possono fare
per servire Gesù. Come potranno essi, poveri e
rozzi pastori, riuscire a fare qualcosa?

E Gesù li istruisce e spiega: "Ora attraverserò la
Giudea. I miei discepoli si terranno in contatto con
voi per tutto il tempo. Dopo vi farò venire. Nel
frattempo, riunitevi. Assicuratevi di essere tutti in
contatto tra di voi e che tutti sappiano che Io sono
qui, in questo mondo, come Maestro e Salvatore.
Fatelo sapere a tutti, meglio che potete. Non vi
prometto che vi crederanno. Sono stato deriso e
picchiato. Faranno lo stesso con voi.

Ma come siete stati forti e giusti nella vostra lunga
attesa, persistete nell'essere tali, ora che
appartenete a Me. Domani andremo verso Juttah.
Poi a Hebron. Potete venire?"

"Certo che possiamo. Le strade appartengono a
tutti e i pascoli a Dio. Solo Betlemme è proibita per
un odio ingiusto. Gli altri villaggi sanno... ma ci
deridono, chiamandoci 'beoni'. Perciò non
riusciremo a fare molto qui."

"Vi impiegherò altrove. Non vi abbandonerò."

"Per tutta la nostra vita? "

"Per tutta la Mia vita. "

"No, Maestro, io morirò prima. Sono vecchio."

"Tu credi? Io no. Uno dei primi volti che ho visto,
Elia, è stato il tuo. Sarà anche uno degli ultimi.
Porterò con Me, impressa nei Miei occhi,
l'immagine del tuo volto turbato dal dolore per la
Mia morte. Ma dopo, tu farai tesoro nel tuo cuore
della memoria della gioia di una mattina trionfale e

così aspetterai la morte... La morte: l'incontro
infinito con Gesù, Che tu hai adorato quando era
un bambino. Anche gli angeli canteranno il Gloria:
'per gli uomini di buona volontà.'"

Jesus At Juttah With The Shepherd Isaac.

E' mattina presto e il luccichio argenteo di un piccolo torrente riempie la valle, mentre le sue acque schiumose scorrono verso sud tra le rocce, diffondendo la sua lieta freschezza sui piccoli pascoli lungo le sponde, ma la sua umidità sembra salire fino ai verdissimi pendii delle colline, dal suolo attraverso i cespugli e gli arbusti del sottobosco, raggiungendo la cima degli alti alberi del bosco, soprattutto noci, dando ai pendii le loro bellissime sfumature variegate di verde smeraldo. Qua e là nel bosco si trovano molti spazi verdi coperti di erba folta che ne fa buoni pascoli salutari per le mandrie.

Gesù cammina verso il torrente con i Suoi discepoli e i tre pastori e, di tanto in tanto, si ferma pazientemente ad aspettare una pecora rimasta indietro o un pastore che è dovuto correre dietro un agnello smarrito - il Buon Pastore si è dotato di un lungo ramo per allontanare dal suo percorso i rami di more, biancospini e clematidi che si estendono in tutte le direzioni e si attaccano ai vestiti, e il bastone completa la Sua figura pastorale.

"Vedi? Juttah è laggiù. Attraverseremo il torrente; c'è un guado, che è molto utile d'estate, senza dover usare il ponte. Sarebbe stato più veloce passare da Hebron. Ma non hai voluto."

"No. andremo dopo a Hebron. Dobbiamo sempre andare prima da coloro che soffrono. I morti non soffrono più se sono stati giusti. E Samuele era un uomo giusto. E se i morti hanno bisogno delle preghiere, non è necessario essere vicini alle loro ossa per pregare per loro.

Ossa? Cosa sono? Una prova del potere di Dio Che creò l'uomo con la polvere. Nient'altro.

Anche gli animali hanno ossa. Ma gli scheletri di tutti gli animali non sono perfetti quanto lo scheletro di un uomo. Solo l'uomo, il re del creato, ha una posizione eretta, come un re sui suoi sudditi, e il suo volto guarda avanti e in alto senza dover piegare il collo; l'uomo guarda in alto, verso la Dimora del Padre. Ma sono comunque ossa. Polvere che tornerà alla polvere. La Bontà eterna ha deciso di ricomporle nel Giorno del giudizio per dare una gioia ancora più grande alle anime benedette. Immaginate soltanto: non solo le anime saranno riunite e si ameranno a vicenda come e ancora più che sulla terra, ma si rallegreranno anche nel vedersi con gli stessi tratti che avevano sulla terra: cari bambini dai capelli ricci, come i tuoi, Elia, padri e madri con cuori amorevoli e volti come i vostri, Levi e Giuseppe. Anzi, nel tuo caso, Giuseppe, sarà il giorno in cui finalmente vedrai i volti di cui senti nostalgia. Non ci sono più orfani, né vedove tra i giusti, lassù...

Le preghiere per i morti possono essere dette ovunque. E' la preghiera di un'anima per l'anima di un parente allo Spirito Perfetto, Che è Dio, Che è ovunque. Oh! Santa libertà di ciò che è spirituale! Non ci sono distanze, né esili, né prigioni, né tombe... Non c'è niente che possa dividere o limitare in dolorosa impotenza ciò che è al di fuori a al di sopra delle catene della carne. Andrete con

la vostra parte migliore verso i vostri amati. Ed essi
verranno a voi con la loro parte migliore.
E tutta l'effusione di anime amorevoli ruoterà
attorno al Fulcro Eterno, attorno a Dio: lo Spirito
Più Perfetto, il Creatore di tutto ciò che era, è e
sarà, l'Amore Che vi ama e vi insegna ad amare...
Ma eccoci al guado. Vedo una fila di sassi che
emergono dall'acqua bassa."
Sì, Maestro, è quello. Al tempo delle piene, è una
cascata ruggente. Ora ci sono sette rivoli che
scorrono placidamente tra le sette grosse rocce del
guado."
Raggiungono il passaggio dove sei grosse pietre
quadrate giacciono a circa un piede l'una dall'altra,
attraverso il torrente e l'acqua, che raggiunge le
pietre in un grosso nastro brillante, è divisa in
sette nastri più piccoli che corrono rapidamente a
riunirsi oltre il guado, per formare nuovamente un
fresco flusso che scorre, borbottando tra i sassi.
I pastori guardano le pecore mentre attraversano,
alcune che camminano sulle pietre, altre che
preferiscono attraversare il ruscello, profondo solo
un piede, e bevono la pura acqua gorgogliante.
Gesù attraversa sulle pietre seguito dai Suoi
discepoli e riprendono a camminare sull'altra
sponda.

"Mi hai detto che vuoi informare Isacco che sei qui,
ma non vuoi andare nel villaggio?"
"Sì, è ciò che voglio fare."
"Bene, faremmo meglio a separarci. Io andrò da lui,
Levi e Giuseppe resteranno con il gregge e con Te.
Salirò io. Sarà più veloce."
Ed Elia comincia ad arrampicarsi sul fianco della
montagna, verso le case bianche che sono
luminosissime lassù nel cielo.
Raggiunge le prime case e procede lungo uno
stretto sentiero tra le case e gli orti e continua a

camminare per dieci metri, poi svolta in una strada
più ampia che conduce alla piazza.
Senza fermarsi, Elia è ancora sulla piazza e le
casalinghe e i venditori urlano sotto gli alberi
ombrosi della piazza.

Senza fermarsi, Elia avanza con risolutezza fino
alla fine della piazza e imbocca una strada
attraente, verso una piccola casa o, piuttosto, una
stanza con la porta spalancata. Quasi sulla soglia,
su un lettino, giace un uomo malato ed emaciato
che chiede l'elemosina ai passanti con voce
lamentosa. Elia irrompe nella stanza.
"Isacco... sono io."
"Tu? Non ti aspettavo. Sei stato qui il mese scorso."
"Isacco... Isacco... Sai perché sono venuto?"
"No, non lo so... sei eccitato. Che succede?"
"Ho visto Gesù di Nazaret, è un uomo ora, un
rabbino. E' venuto a cercarmi... e vuole vederci.
Oh! Isacco! Non ti senti bene?"
Isacco, infatti, è caduto all'indietro come se stesse
per morire. Ma si riprende. "No. La notizia... Dov'è?
Com'è? Oh! Se potessi vederlo!"
"E' giù nella valle. Mi ha mandato a dirti
esattamente questo: 'Vieni, Isacco, perché voglio
vederti e benedirti.' Ora chiamo qualcuno per
aiutarmi e ti porto giù."
"E' quello che ha detto?"
"Sì. Ma cosa fai?"

"Sto andando."
Isacco toglie via le lenzuola, muove le sue gambe
paralizzate, le sposta fuori dal materasso di paglia,
mette i piedi per terra, si alza, ancora un po'

esitante e tremante. Avviene tutto in un istante,
sotto gli occhi spalancati di Elia... che infine
comprende e comincia a gridare... Una piccola
donna si affaccia con curiosità. Vede l'uomo malato
alzarsi e coprirsi con un coperta, poiché non ha
nient'altro, e correre via, urlando come un pazzo.
"Andiamo.. da questa parte, sarà più veloce e non
incontreremo la folla... Svelto, Elia." Attraversano
di corsa la piccola porta di un orto sul retro,
spingono il cancello, fatto di rami secchi e, una
volta fuori, corrono lungo uno stretto sentiero
sporco, poi scendono per una piccola strada lungo
degli orti e infine attraverso campi e boschetti, giù
fino al torrente.
"Gesù è là, laggiù" dice Elia, indicandolo. "Quello
alto, bello, biondo, con una tunica bianca e un
mantello rosso. "
Isacco corre, passa in mezzo alle pecore pascolanti,
e con un grido di trionfo, gioia e adorazione si
prostra ai piedi di Gesù.
"Alzati, Isacco. Sono arrivato. Per portarti pace e
benedizioni. Alzati, in modo che possa vederti in
volto."
Ma Isacco non riesce ad alzarsi, sopraffatto com'è
dall'eccitazione, e rimane prostrato, con il volto sul
terreno, piangendo felicemente.
"Sei arrivato subito. Non ti sei preoccupato se
potevi..."
"Mi hai detto di venire... e sono venuto."
"Non ha nemmeno chiuso la porta o raccolto
l'elemosina, Maestro."
"Non importa. Gli angeli guarderanno la sua casa.
Sei felice, Isacco?"
"Oh! Mio Signore!"
"Chiamami Maestro."
"Sì, mio Signore, mio Maestro. Anche se non mi
avessi curato, sarei stato felice di vederti. Come ho
potuto avere tanta grazia da Te?"

"Per la tua fede e la tua pazienza, Isacco. So quanto hai sofferto..."

"Niente! Niente! Non importa! Ti ho trovato. Sei vivo. Sei qui. E' questo che importa. Il resto, tutto il resto è passato. Ma, mio Signore e mio Maestro, non andrai più via, vero?"

"Isacco, devo evangelizzare tutto Israele. Sto partendo... Ma se non posso rimanere, tu puoi sempre servirmi e seguirmi. Vuoi essere Mio discepolo, Isacco?"

"Oh! Ma io non ne sono capace! "

"Puoi dichiarare chi sono? Dichiararlo contro derisioni e minacce? E dire alla gente che Io ti ho chiamato e tu sei venuto?"

"Anche se Tu non lo volessi, io dichiarerei tutto ciò. Ti disobbedirei in questo, Maestro. Perdonami se ti dico questo."

Gesù sorride.. "Vedi che sei capace di diventare un discepolo!"

"Oh! Se è tutto ciò che si deve fare! Pensavo fosse più difficile, che dovessimo andare a scuola con i rabbini per imparare a servire Te, il Rabbino dei rabbini... e andare a scuola alla mia età..." In effetti l'uomo deve avere almeno cinquant'anni.

"Hai già frequentato la tua scuola, Isacco."

"Io? No."

"Sì. Non hai continuato a credere a ad amare, a rispettare e benedire Dio e il tuo prossimo, a non desiderare ciò che appartiene ad altri, e anche ciò che era tuo e che non possiedi più, a dire solo la verità, anche se dovesse farti male, a non associarti a Satana commettendo peccati? Non hai fatto tutte queste cose, negli ultimi trent'anni di sventure?"

"Sì, Maestro."

"Quindi, vedi, hai frequentato la tua scuola. Vai avanti in questo modo e, in aggiunta, rivela al mondo che Io sono nel mondo. Non c'è altro da fare."

"Io Ti ho già predicato, Signore Gesù. Ti ho predicato ai figli, che venivano, quando sono arrivato zoppo in questo villaggio, chiedendo pane e facendo qualche lavoro, come tosare o mungere, e i bambini venivano attorno al mio letto, quando peggiorai e rimasi paralizzato dalla vita in giù. Ho parlato di Te ai bambini di tanti anni fa, e ai bambini dei giorni nostri, che sono i figli dei precedenti... I bambini sono buoni e credono sempre... Ho detto loro della Tua nascita... degli angeli... della Stella e dei Saggi... e di Tua Madre... Oh! Dimmi! E' viva?"

"E' viva e ti manda i saluti. Mi ha sempre parlato di tutti voi."

"Oh! Se potessi vederla!"

La vedrai. Verrai a casa Mia un giorno. Maria ti saluterà dicendo: 'Amico Mio'."

"Maria... sì, quando si pronuncia quel nome è come riempirsi la bocca di miele... C'è una donna a Juttah, è una donna ora, ha avuto da poco il suo quarto figlio, ma una volta era una ragazzina, una dei miei amichetti... e ha chiamato i suoi figli: Maria e Giuseppe i primi due e, poiché non ha osato chiamare il terzo Gesù, l'ha chiamato Emanuele, come buon auspicio per se stessa, la sua casa e Israele. E ora sta pensando a un nome da dare al suo quarto figlio, nato sei giorni fa. Oh! Quando saprà che sono guarito! E che Tu sei qui! Sara è buona come il pane fatto in casa, e anche suo marito Gioacchino è così buono. E i loro parenti? Devo loro la vita. Mi hanno sempre aiutato e protetto."

"Andiamo a chiedere loro ospitalità nelle ore più calde del giorno e a benedirli per la loro carità."

"Da questa parte, Maestro. E' più facile per le pecore e eviteremo la gente, che è certamente eccitata. La donna anziana che mi ha visto alzarmi, l'avrà certamente riferito."

Seguono il torrente, allontanandosi da esso verso sud, per imboccare un sentiero ripido lungo il fianco della montagna, dalla forma di prua di una nave, andando nella direzione opposta al torrente che ora scorre lungo una bella valle irregolare formata dall'intersezione di due catene montuose. Un piccolo muro a secco segna i confini della proprietà che scende verso la valle. Sul campo ci sono alberi di mele, fichi e noci, un orto con un pozzo, le pergole e i letti di fiori e più avanti una basa bianca circondata da prati verdi, con un'ala sporgente che protegge la scalinata e forma un portico e una loggia con una piccola cupola sul punto più alto.

C'è molto baccano che proviene dalla casa. Camminano in testa, Isacco entra e chiama a pieni polmoni: "Maria, Giuseppe, Emanuele! Dove siete? Venite da Gesù."

Tre piccoli: una bambina di circa cinque anni e due bambini di circa quattro e due anni, corrono da Isacco, il più piccolo ancora un po' incerto sulle gambe. Sono ammutoliti nel vedere... l'uomo resuscitato. Poi la bambina grida: "Isacco! Mamma! Isacco è qui! Giuditta aveva ragione."

Un'adorabile donna alta, paffuta, bruna esce da una stanza rumorosa, bellissima nel suo vestito migliore: un vestito di lino bianco come la neve, come una ricca camicia che scende a balze fino alle caviglie. E' legato al suo busto armonioso con uno scialle a strisce multicolori che copre i suoi meravigliosi fianchi scendendo in frange fino alle ginocchia sul dorso. Sul davanti, la camicia è legata sotto la fibbia filigranata e le estremità pendono sciolte.

Un leggero velo decorato con rami rosa su uno sfondo beige è appuntato sulle sue trecce nere, come un piccolo turbante, e cade sul suo collo in

43

pieghe, sulle spalle e sul petto. E' stretto al suo
capo da una piccola corona di medaglie legate
assieme da una piccola catena. Anelli pesanti
pendono dalle sue orecchie, e la sua tunica è
stretta al suo collo da una collana d'argento
passante per le asole del suo vestito. E indossa
pesanti bracciali.

"Isacco! Cos'è questo? Giuditta... pensavo che fosse
impazzita... Ma tu cammini! Che è successo?"

"Il Salvatore! Oh! Sara! Eccolo qui! E' arrivato!"

"Chi? Gesù di Nazaret? Dov'è?"

"Laggiù! Dietro l'albero di noci, e vuol sapere se Lo
riceverai!"

"Gioacchino! Madre! Venite qui, tutti! Il Messia è
qui!"

Donne, uomini, ragazzi, bambini corrono fuori
urlando e sbraitando... ma quando vedono Gesù,
alto e solenne, si intimidiscono e restano
pietrificati.

"Pace a questa casa e a tutti voi. La pace e la
benedizione di Dio. " Gesù cammina lentamente,
sorridente, verso il gruppo. "Miei amici: darete
ospitalità al Viandante?" e sorride ancora di più. Il
suo sorriso supera tutte le paure. Il marito si fa
coraggio: "Entra, Messia. Ti abbiamo amato prima
di incontrarti. Ti ameremo di più dopo averti
incontrato. La casa è in festa oggi per tre motivi:
per Te, per Isacco e per la circoncisione del mio
quarto figlio. Benedicilo, Maestro. Donna, porta il
bambino! Entra, mio Signore!"

Entrano in una stanza decorata a festa. Ci sono
tavoli con cibo, tappeti e rami ovunque.

Sara ritorna con un adorabile neonato tra le
braccia e lo presenta a Gesù.

"Che Dio sia sempre con lui. Qual è il suo nome?"

"Non ha ancora un nome. Questa è Maria, questo è
Giuseppe, questo è Emanuele... ma questo non ha
ancora un nome... " Gesù guarda i genitori, che

sono vicini, e sorride: "Trovate un nome, se
dev'essere circonciso oggi..." Si guardano,
guardano Lui, aprono la bocca e la richiudono
senza dire niente. Tutti prestano attenzione.
Gesù insiste: "La storia di Israele ha così tanti
grandi nomi, dolci e benedetti. I più dolci e
benedetti li avete già dati. Ma forse ce n'è ancora
qualcuno."
I parenti urlano assieme: "Il Tuo, Signore!" e la
madre aggiunge: "Ma è troppo santo..."
Gesù sorride e chiede: "Quando sarà circonciso?"
"Stiamo aspettando il circoncisore."
"Sarò presente alla cerimonia. E nel frattempo
voglio ringraziarvi per ciò che avete fatto per il Mio
Isacco. Non ha più bisogno dell'aiuto della gente
buona. Ma le gente buona ha ancora bisogno di
Dio. Avete chiamato il vostro terzo figlio: Dio sia
con noi. Ma voi avevate Dio con voi sin da quando
siete stati caritatevoli con il Mio servitore. Siate
benedetti. La vostra carità sarà ricordata nel
Paradiso e sulla terra."
"Isacco andrà via ora? Ci lascerà?"
"Questo vi turba? Ma egli deve seguire il suo
Maestro. Ma tornerà, e anch'io. Nel frattempo, voi
parlerete del Messia... C'è tanto da dire per
convincere il mondo! Ma ecco la persona che
aspettate."
Un pomposo personaggio entra con un servo. Ci
sono saluti e inchini. "Dov'è il bambino?" egli
chiede con arroganza.
"E' qui. Ma saluta il Messia. E' qui."
"Il Messia! Quello che ha curato Isacco? Ne ho
sentito parlare. Ma... Ne parliamo dopo. Ho molta
fretta. Il bambino e il suo nome."
La gente presente è mortificata dalle maniere
dell'uomo. Ma Gesù sorride come se la scortesia
non fosse indirizzata a Lui. Prende il bambino,
tocca la sua piccola fronte con le Sue belle dita,

come se volesse consacrarlo e dice: "Il suo nome è
Jesai" è lo porge nuovamente a suo padre, che
entra in un'altra stanza con l'uomo arrogante e con
altra gente. Gesù rimane dov'è finché ritornano con
il bambino, che urla disperatamente.
"Donna, dammi il bambino. Non piangerà più" dice
per confortare la donna afflitta. Infatti il bambino,
una volta disteso sulle ginocchia di Gesù, diventa
silenzioso.
Gesù forma un suo gruppo, con i piccoli attorno a
Sé, e anche i pastori e i discepoli. Le pecore, che
Elia ha chiuso in un recinto, belano fuori. C'è il
frastuono di una festa nella casa. Portano dolci e
bevande a Gesù. Ma Gesù li porge ai piccoli.
"Non bevi, Maestro? Non prendi niente? Lo
offriamo di cuore."
"Lo so, Gioacchino, e accetto con tutto il cuore. Ma
prima lasciami rendere felici questi piccoli. Sono la
Mia gioia..."
"Non badare a quell'uomo, Maestro."
"No, Isacco. Pregherò affinché possa vedere la
Luce. Giovanni, porta i due bambini a vedere le
pecore. E tu, Maria, avvicinati e dimmi: Chi sono
Io?"
"Tu sei Gesù, il Figlio di Maria di Nazaret, nato a
Betlemme. Isacco Ti vide e mi diede il nome di Tua
Madre, in modo che potessi essere buona."
"Per imitarla, dovrai essere buona come un angelo
di Dio, più pura di un lilla che sboccia sulla cima
di una montagna, pia come il levita più santo.
Sarai così?"
"Sì, Gesù, lo sarò."
"Dì: Maestro o Signore, bambina."
"Lascia che Mi chiami con il Mio nome, Giuda. Solo
quando è pronunciato da labbra innocenti non
perde il suono che ha sulla labbra di Mia Madre.
Tutti, nei secoli futuri, pronunceranno quel nome,
alcuni per interesse o altro, alcuni per maledirlo.

Solo le persone innocenti, senza alcun interesse o odio, lo pronunceranno con lo stesso amore di questa bambina e di Mia Madre.
Anche i peccatori Mi invocheranno, perché hanno bisogno di misericordia. Ma Mia Madre e i piccoli! Perché Mi chiami Gesù?" Chiede, accarezzando la bambina.
"Perché Ti voglio bene... come voglio bene a mio padre, a mia madre e ai miei fratellini" ella risponde, abbracciando le ginocchia di Gesù e sorridendo con la testa sollevata. E Gesù si china e la bacia.

Gesù a Hebron. Casa di Zaccaria. Aglae.

"A che ora arriveremo?" Chiede Gesù, camminando al centro del gruppo dietro le pecore che pascolano sull'erba sulle rive.
"Alle tre circa. Sono circa dieci miglia" risponde Elia.
"Andremo a Kariot dopo?" Chiede Giuda.
"Sì, ci andremo. "
"Non era più veloce andare a Kariot da Juttah? Non può essere molto distante. E' corretto, pastore?"
"Circa due miglia in più, più o meno."
"Così ne faremo più di venti per niente."
"Giuda, perché sei così preoccupato? "
"Non sono preoccupato, Maestro. Ma hai promesso che saresti venuto a casa mia."
"E lo farò. Mantengo sempre le promesse."
"Ho fatto avvisare mia madre... e dopo tutto, l'hai detto Tu stesso, si può essere vicino ai morti anche con l'anima."
"L'ho detto. Ma pensa solo questo, Giuda: tu non hai ancora sofferto a causa Mia. Questa gente ha sofferto per trent'anni, e non hanno mai tradito nemmeno la Mia memoria. Non sapevano se ero vivo o morto... tuttavia sono rimasti fedeli. Mi hanno ricordato come neonato, un bambino con nient'altro che lacrime e il bisogno di latte... e Mi hanno sempre venerato come Dio. A causa Mia sono stati picchiati, maledetti e perseguitati come

se fossero la disgrazia della Giudea, eppure la loro fede non è mai venuta meno. Né si è seccata sotto i venti, al contrario si è radicata ancora di più ed è divenuta più forte."

"A proposito. Da qualche giorno dono ansioso di farti una domanda. Queste persone sono Tue amiche e amiche di Dio, vero? Gli angeli le hanno benedette con la pace del Paradiso, vero? Sono stati fedeli contro tutte le tentazioni, vero? Mi spieghi, allora, perché sono infelici? E Anna? Fu uccisa perché Ti amava..."

"Quindi stai deducendo che essere amati da Me e amarmi porta sfortuna?"

"No... ma..."
"Ma lo stai facendo. Mi dispiace vederti così vicino
alla Luce e così aperto alle questioni umane. No,
non preoccuparti Giovanni, e neanche tu, Simone.

Preferisco che parli. Non rimprovero mai. Voglio
solo aprire a Me le vostre anime in modo che possa
illuminarle.

Vieni qui, Giuda, ascolta. Tu ti stai basando su
un'opinione comune a molta gente ai nostri tempi e
che sarà comune a molti in futuro. Ho detto:
un'opinione. Dovrei dire: un errore. Ma poiché non
lo fai per malizia, ma per ignoranza della verità,
non è un errore, è solo un'opinione scorretta come
quella di un bambino. E voi siete come bambini,
Miei poveri uomini. E Io sono qui, come Maestro,
per rendervi adulti, capaci di distinguere la verità
dalla falsità, il buono dal cattivo e ciò che è meglio
da ciò che è buono. Ascoltatemi, dunque.

Cos'è la vita? E' un periodo di pausa, direi il limbo
del Limbo, che il Dio Padre vi concede come prova
per verificare se siete figli buoni o cattivi, dopo cui
Egli assegnerà, secondo le vostre azioni, una vita
futura senza pause o prove. Ora ditemi: sarebbe
giusto se un uomo, semplicemente perché gli è
stato concesso il raro dono di essere nella
posizione di servire Dio in maniera speciale, avesse
anche una ricchezza infinita nel corso della sua
vita? Non pensate che gli sia stato già concesso
tanto e pertanto possa considerarsi fortunato,
anche se le vicende umane gli sono avverse? Non
sarebbe ingiusto se egli, che già possiede la luce
della rivelazione divina nel suo cuore e il sorriso di
una coscienza pura, avesse anche onori e ricchezze
terrene? E non sarebbe stolto?"

"Maestro, direi anche che sarebbe un profanatore.
Perché porre le gioie umane dove Tu già sei?
Quando uno ha Te – e loro avevano Te, sono le
uniche persone ricche di Israele perché Ti hanno
avuto per trent'anni – non si dovrebbe avere altro.
Noi non mettiamo le faccende umane nel
Propiziatorio... e il vaso consacrato è usato solo per
gli usi sacri. E questa gente è consacrata dal

giorno che vide il Tuo sorriso... e nient'altro che Te
deve entrare nei loro cuori, che Ti possiedono.
Vorrei essere come loro!" Dice Simone.
"Ma tu non hai perso tempo, subito dopo aver visto
il Maestro ed essere stato curato, nel riprenderti la
tua proprietà" risponde Giuda in tono sarcastico.
"Questo è vero. Ho detto che l'avrei fatto e l'ho
fatto. Ma sai perché? Come puoi giudicare se non
conosci tutta la situazione? Al mio rappresentante
furono date precise istruzioni. Ora che Simone lo
Zelota è stato curato – e i suoi nemici non possono
più fargli del male, né possono perseguitarlo
perché appartiene solo a Gesù e a nessuna setta:
egli ha Gesù e nient'altro – Simone può disporre
della sua ricchezza che un servitore onesto e fedele
ha mantenuto per lui. Ed io, essendo il proprietario
ancora per poco tempo, ho dato istruzioni affinché
la proprietà fosse riorganizzata, in modo che avrei
ottenuto più soldi al momento di venderla e sarei
stato in grado di dire... no, non dico cosa."
"Gli angeli lo dicono, Simone, e lo stanno scrivendo
sul libro eterno" dice Gesù.
Simone guarda Gesù. I loro occhi si incontrano.
Quelli di Simone esprimono sorpresa, quelli di
Gesù approvazione.
"Come al solito. Mi sbaglio."
"No, Giuda. Tu hai senso pratico, l'hai detto tu
stesso."
"Oh! Ma con Gesù! ... Anche Simon Pietro era
pieno di senso pratico, ora invece!... Anche tu,
Giuda, diventerai come lui. Sei stato con il Maestro
solo per poco tempo, noi siamo stati più a lungo
con Lui e siamo già migliorati" dice Giovanni che è
sempre gentile e conciliante.
"Non mi voleva. Altrimenti sarei stato Suo sin da
Pasqua." Dice Giuda lamentosamente.
Gesù pone fine alla discussione chiedendo a Levi:
"Sei mai stato in Galilea?"

"Sì, mio Signore."

"Verrai con Me per portarmi da Giona. Lo conosci?
"

"Sì. Ci incontriamo sempre a Pasqua. Avevo l'abitudine di andare a trovarlo allora."

Giuseppe, mortificato, abbassa la testa. Gesù lo nota e dice: "Non potete venire entrambi. Elia sarebbe lasciato solo con le pecore. Ma verrai con me fino al passo di Gerico dove ci separeremo per un po'. Ti dirò dopo cosa dovrai fare."

"E noi? Non faremo niente?"

"Sì, Giuda, sì."

"Ci sono della case laggiù" dice Giovanni, camminando qualche passo più avanti rispetto agli altri.

"E' Hebron. Tra i due fiumi con la sua cima. Vedi Maestro? Quella casa lì, in mezzo a tutto il verde, un po' più in alto delle altre? Quella è la casa di Zaccaria."

"Allunghiamo il passo."

I piccoli zoccoli delle pecore risuonano come nacchere sulle pietre irregolari della strada rozzamente pavimentata mentre allungano il passo, coprono rapidamente l'ultimo tratto di strada ed entrano nel villaggio.

La gente guarda il gruppo di uomini, così differenti per aspetto, età e indumenti, tra le pecore bianche. Raggiungono la casa.

"Oh! E' diversa! C'era un cancello qui!" dice Elia. Ora, invece, c'è una porta di metallo che impedisce di vedere, e anche il muro di recinzione è più alto di un uomo, così non si riesce a vedere niente dell'interno.

"Forse sarà aperto sul retro." Girano intorno a un lungo muro rettangolare ma constatano che è della stessa altezza tutto intorno.

"Il muro è stato costruito non molto tempo fa" nota Giovanni, esaminandolo. Non ha un graffio e ci sono ancora residui di calce per terra."

"Non riesco a vedere nemmeno il sepolcro... era vicino al bosco. Ora il bosco è fuori dal muro e... sembra appartenere a tutti. Vi raccolgono legna da ardere." Elia è perplesso.

Un uomo piccolo ma dall'aspetto forte, un vecchio taglialegna, che osserva il gruppo, smette di segare un tronco sul terreno e si avvicina al gruppo. "Chi state cercando?"

"Volevamo entrare a pregare sulla tomba di Zaccaria".

"Non c'è più nessuna tomba. Non lo sapete? Chi siete? "

"Sono un amico di Samuele, il pastore. Questo..."

"Non è necessario, Elia" dice Gesù ed Elia resta calmo.

"Ah! Samuele!... Capisco! Ma da quando Giovanni, il figlio di Zaccaria, è stato messo in prigione, la casa non è più sua. Ed è una sfortuna perché tutto il profitto della sua proprietà è stato dato alla gente povera di Hebron. Una mattina venne un uomo dalla corte di Erode, cacciò Gioele, appose i sigilli, poi tornò indietro con dei muratori e cominciarono a erigere il muro... Il sepolcro era laggiù nell'angolo. Non lo voleva... e una mattina lo trovammo tutto saccheggiato e mezzo distrutto... le povere ossa tutte sparpagliate... Le rimettemmo assieme meglio che potessimo... Ora sono in un sarcofago... E nella casa del sacerdote, Zaccaria, quell'uomo indecente tiene le sue amanti. Ora c'è una mima di Roma. E' per questo che ha costruito il muro. Non vuole che la gente veda... La casa di un sacerdote un bordello! La casa del miracolo e del Precursore! Perché è certamente lui, se non è il Messia. E quanti problemi abbiamo avuto per il Battista! Ma è il nostro grande uomo! E' davvero grande! Anche quando nacque ci fu un miracolo. Elisabetta era vecchia come un cardo secco ma divenne fertile come un melo di Adar* e quello fu il primo miracolo. Poi venne una sua cugina ed era una donna santa e la servì e sciolse la lingua al sacerdote. Il suo nome era Maria. Me La ricordo sebbene l'abbiamo vista molto raramente. Come è successo non lo so. Dicono che per far felice Elisabetta, Ella fece mettere a Zaccaria la sua bocca muta accanto al Suo ventre gravido o che pose le Sue dita sulla sua bocca. Non lo so. Il fatto è che dopo nove mesi di silenzio, Zaccaria parlò lodando il Signore e dicendo che c'era un Messia. Non spiegò ulteriormente. Ma mia moglie era presente quel giorno e mi assicurò che Zaccaria, lodando il Signore, disse che suo figlio Lo avrebbe preceduto. Ora dico: non è ciò che la gente crede. Giovanni è il Messia ed egli va innanzi al Signore, come Abramo andò innanzi a Dio. E' così. Sbaglio?"

*Adar è il sesto mese del calendario ebraico che cade tra Febbraio e Marzo.

"Hai ragione a proposito dello spirito del Battista, che procede sempre innanzi a Dio. Ma non hai ragione riguardo al Messia."
"Beh, la donna che disse di essere la Madre del figlio di Dio – Samuele disse così – non è vero che lo era? E' ancora viva?"
"Sì, lo era. Il Messia nacque, preceduto da colui che alzò la voce nel deserto, come disse il Profeta."
"Tu sei il primo a dire questo. Giovanni, l'ultima volta che Gioele gli portò una pelle di pecore, cosa che faceva ogni anno all'inizio dell'inverno, sebbene gli fosse stato chiesto del Messia, non disse: 'Il Messia è qui.' Quando dirà così..."
"Buonuomo, io ero un discepolo di Giovanni e l'ho sentito dire: 'Ecco l'Agnello di Dio' puntando a..." dice Giovanni.

"No, no. Egli è l'Agnello. Un vero Agnello che crebbe da solo, quasi senza il bisogno di un padre e una madre. Appena divenne un figlio della Legge, egli visse isolato nelle cave della montagna che sovrasta il deserto. e crebbe lì conversando con Dio. Elisabetta e Zaccaria morirono, ed egli non venne. Solo Dio fu suo padre e sua madre. Non esiste un uomo più santo di lui. Potete chiedere a chiunque a Hebron. Samuele diceva così, ma la gente di Betlemme deve aver avuto ragione. Giovanni è l'uomo santo di Dio."

"Se qualcuno ti dicesse: 'Io sono il Messia', tu cosa diresti?" chiede Gesù.

"Lo chiamerei 'blasfemo' e lo caccerei, lanciandogli pietre."

"E se compisse un miracolo per provare che è il Messia?"

"Direi che è 'posseduto'. Il Messia arriverà quando Giovanni si rivelerà nella sua vera natura. Lo stesso odio di Erode è la prova. Astuto com'è, sa che Giovanni è il Messia."

"Non è nato a Betlemme."

"Ma quando sarà liberato, dopo aver annunciato agli stesso il suo arrivo imminente, si rivelerà a Betlemme. Anche Betlemme aspetta questo. Mentre... Oh! Andate, se avete molto fegato, a parlare a Betlemme di un altro Messia... e vedrete..."

"Avete una sinagoga?"

"Sì, circa cento passi più avanti. Non potete sbagliare. Accanto c'è il sarcofago con i resti violati."

"Addio, che Dio ti illumini."

Si allontanano, girando ad angolo retto sulla parte anteriore della casa e trovano, alla porta, una bella giovane donna impudentemente vestita. "Mio Signore, vuoi entrare in casa? Entra."

Gesù la guarda severo come un giudice ma non

parla. Ma Giuda lo fa, supportato dagli altri.
"Torna dentro, donna senza vergogna! Non
profanarci con il tuo respiro, bramosa donnaccia."
La donna arrossisce, abbassa la testa ed è sul
punto di sparire imbarazzata e schernita da ragazzi
e passanti.
"Chi è così puro da dire: 'Non ho mai desiderato la
mela offerta da Eva?'" Chiede Gesù, con
severità. "Mostratemelo e lo chiamerò un
sant'uomo. Nessuno? Bene, allora, se non per
disgusto, ma per debolezza, vi sentite incapaci di
avvicinarvi a questa donna, potete allontanarvi.
Non forzerò i deboli in lotte impari. Donna, vorrei
entrare. Questa casa apparteneva a un Mio
parente e Mi è cara. "
"Entra, Mio signore, se non mi detesti."
"Lascia la porta aperta, in modo che il mondo
possa vedere e non possa spettegolare..."
Gesù entra, serio e solenne.
La donna, asservita, si inchina a Lui e non osa
muoversi. Ma le battute della gente la feriscono,
così corre via all'estremità del giardino, mentre
Gesù avanza fino ai piedi della scalinata. Egli
guarda attraverso le porte semiaperte ma non
entra. Poi va sul posto dove una volta si trovava il
sepolcro, dove ora si trova un piccolo tempio
pagano.
"Le ossa dei giusti, anche se secche e sparse,
emanano un balsamo purificante e diffondono semi
di vita eterna. Pace ai morti che vissero facendo del
bene! Pace ai puri che riposano nel Signore! Pace a
coloro che hanno sofferto, ma non conobbero vizi!
Pace ai veri grandi del mondo e del Paradiso! Pace!"
Camminando lungo la siepe di protezione, la donna
ha raggiunto Gesù.
"Mio Signore!"
"Donna."
"Il Tuo Nome, mio Signore."

"Gesù."

"Non l'ho mai sentito. Io sono romana: una mima e danzatrice. Sono esperta solo di lussuria. Qual è il significato del Tuo nome? Il mio nome è Aglae e... e vuol dire: vizio."

"Il mio significa: Salvatore."

"Come salvi? E chi?"

"Coloro che sono ansiosi di essere salvati. Salvo insegnando ad essere puri, a preferire i dolori agli onori, a desiderare il bene ad ogni costo." Gesù parla senza amarezza, senza nemmeno voltarsi verso la donna.

"Io sono persa..."

"Io sono Colui Che cerca chi si è perso."

"Io sono morta."

"Io sono Colui Che dà la Vita."

"Io sono oscenità e falsità."

"Io sono Purezza e Verità."

"Tu sei anche Bontà. Tu non mi guardi. Non mi tocchi, non mi calpesti. Abbi misericordia di me..."

"Prima, tu devi avere misericordia di te stessa. Della tua anima."

"Cos'è l'anima?"

"E' ciò che fa di un uomo un dio e non un animale. Il vizio e il peccato la uccidono e, una volta uccisa, l'uomo diventa un animale ripugnante."

"Sarà possibile per me vederti ancora?"

"Chi Mi cerca, Mi trova."

"Dove vivi?"

"Dove i cuori hanno bisogno che i dottori e le medicine ridiventino onesti."

"In tal caso... non Ti rivedrò... io vivo dove non si cerca nessun dottore, medicina o onestà."

"Nessuno ti impedisce di venire dove mi trovo. Il mio nome sarà urlato nelle strade e ti raggiungerà. Addio."

"Addio, mio Signore. Permettimi di chiamarti 'Gesù'. Oh! Non per familiarità... Ma in modo che un po' di salvezza possa arrivarmi. Io sono Aglae, ricordati di me."

"Mi ricorderò. Addio."

La donna rimane in fondo al giardino, mentre Gesù ne esce con aspetto severo e un servitore chiude la porta. Egli guarda tutti, vede la perplessità nei Suoi discepoli e sente derisione dagli Hebroniti. Camminando dritto lungo la strada, Gesù bussa alla sinagoga e un uomo risentito guarda fuori.

"La sinagoga è proibita, in questo luogo santo, a coloro che hanno a che fare con le prostitute. Vai via." Dice l'uomo, non dando a Gesù nemmeno il tempo di parlare.

Senza rispondere, Gesù si volta e continua a camminare lungo la strada, seguito dai Suoi discepoli.

Fuori da Hebron, cominciano a parlare.

"Te la sei cercata, Maestro" dice Giuda. "Una prostituta, in mezzo a tutta le gente!"

"Giuda, ti dico solennemente che ella ti supererà. Ed ora, poiché Mi stai rimproverando, cosa dici dei giudei? Nei luoghi più santi della Giudea siamo stati derisi e cacciati... Questa è la verità. Arriverà il giorno in cui la Samaria e i gentili venereranno il vero Dio, e il popolo del Signore sarà infangato dal sangue e da un crimine... un crimine in confronto al quale i peccati delle prostitute che vendono i loro corpi e le loro anime, saranno una cosa molto piccola. Non ho potuto pregare sulla tomba dei Miei cugini e del giusto Samuele. Non importa. Riposate, sante ossa, rallegratevi, anime, che risiedevate in esse. La prima resurrezione è vicina. Poi arriverà il giorno in cui sarete mostrati agli angeli come le anime dei servitori del Signore."

Gesù A Kariot. Morte Del Vecchio Saul.

Giuda, Simone e Giovanni sono con Gesù e
camminano attraverso una valle tra due catene
montuose. Hanno lasciato alle spalle i pastori, nei
pascoli di Hebron. I campi in questa valle non sono
molto grandi, ma sono ben coltivati con vari
cereali, soprattutto orzo e segale ed anche alcune
buone vigne nelle parti soleggiate. Più in alto, ci
sono adorabili foreste di pini, di abeti e altri alberi
tipici delle foreste boschive. Una strada piuttosto
buona conduce a un piccolo villaggio.
"Questo è il sobborgo di Kariot. Ti prego di venire
nella mia casa di campagna. Mia madre Ti sta
aspettando lì. Andremo a Kariot dopo" dice Giuda
che è fuori di sé per l'eccitazione.
 "Come vuoi, Giuda, ma avremmo potuto fermarci
anche qui per incontrare tua madre."
"Oh! No! E' solo una fattoria. Mia madre viene qui
nel periodo del raccolto. Ma vive a Keriot. E non
vuoi che la gente della mia città Ti veda? Non vuoi
portare a loro la Tua luce?"
"Certo, Giuda. Ma tu già sai che non bado
all'umiltà del posto che Mi dà ospitalità."
"Ma oggi Tu sei mio ospite... e Giuda sa come
essere ospitale."
Camminano ancora per qualche metro tra le case
sparse nella campagna; uomini e donne guardano
fuori e i bambini chiamano, la loro curiosità viene

risvegliata. Giuda deve aver mandato qualcuno ad avvisarli.

"Ecco la mia povera casa. Perdona la sua povertà." Ma la casa non è né piccola, né squallida, né costruita con semplicità. Consiste di un ampio pian terreno ben tenuto in mezzo a un fitto frutteto fiorito, con una piccola e pulita strada privata che conduce dalla strada principale alla casa.

"Posso farti strada, Maestro?"

"Sì, vai." Giuda va avanti.

"Maestro, Giuda ha fatto le cose in grande stile" dice Simone, "avevo come il sospetto che lo avrebbe fatto. Ma ora ne sono certo. Maestro, Tu continui a dire, e piuttosto giustamente, spirito... ma lui... lui non vede le cose in quel modo. Non Ti comprenderà mai... o forse solo molto tardi" aggiunge per non addolorare Gesù. Gesù sospira ed è silenzioso.

Giuda esce con una donna di circa cinquant'anni, piuttosto alta, ma non quanto suo figlio, con gli occhi scuri e i capelli ricci. Ma i suoi occhi sono gentili e piuttosto tristi, mentre quelli di Giuda sono imperiosi e scaltri.

"Ti saluto, Re di Israele" ella dice prostrandosi nell'autentico saluto di un suddito. "Permetti alla Tua servitrice di offrirti ospitalità. "

"Pace a te, donna. E che Dio sia con te e con la tua creatura."

"Oh! Sì! Con la mia creatura." Ella sospira.

" Alzati, madre. Anch'io ho una Madre, e non posso permetterti di baciarmi i piedi. Io ti bacio, donna, nel nome di Mia Madre. Ella è una tua sorella... nell'amore e nel doloroso destino della madre di coloro che sono segnati."

"Cosa intendi, Messia?" Chiede Giuda piuttosto
preoccupato.
Ma Gesù non risponde. Abbraccia la donna, che ha
gentilmente fatto alzare ed ora le bacia la guancia.
E, tenendole la mano, cammina verso la casa.
Entrano in una stanza fresca, ombreggiata da
leggere tende a righe. Bevande e frutta fresca sono
già pronti. Ma prima, la madre di Giuda chiama
un'ancella che porta dell'acqua e la padrona
vorrebbe togliere a Gesù i sandali e lavargli i piedi
polverosi. Ma Gesù obietta. "No, madre. Una madre
è una persona troppo santa, soprattutto quando è
onesta e buona, come te, per consentirle di
assumente l'atteggiamento di una schiava..."

La madre guarda Giuda... uno sguardo insolito e poi si allontana.

Gesù si rinfresca. Quando sta per indossare i sandali, la donna ritorna con un nuovo paio.

"Ecco, Messia. Penso di aver fatto la cosa giusta... come Giuda voleva... mi ha detto: 'Un po' più lunghi dei miei, ma della stessa larghezza.'"

"Ma perché, Giuda?"

"Non mi permetti di offrirti un regalo? Non sei il mio Re e il mio Dio?"

"Sì, Giuda. Ma non devi dare tanto disturbo a tua madre. Sai come sono..."

"Lo so. Tu sei santo. Ma devi apparire un Re santo. E' così che uno si impone. Nel mondo, dove nove decimi della gente è stolta, dobbiamo imporci con il nostro aspetto. Fidati di me."

Gesù si è allacciato le cinghie di cuoio rosso traforato dei nuovi sandali, che Gli arrivano alle caviglie. Sono più belli dei Suoi semplici sandali da lavoratore e somigliano ai sandali di Giuda, che sono simili a scarpe con un traforo che mostra parte del suo piede.

"Anche la tunica, mio Re. L'ho preparata per Giuda... ma lui la regala a Te. E' di lino: fresca e nuova. Permetti a una madre di fartela indossare... come se fossi suo figlio."

Gesù guarda di nuovo Giuda... ma non parla. Si slaccia la Sua tunica attorno al collo e lascia cadere la Sua ampia tunica sul pavimento e così rimane con la sua corta sotto-tunica. La donna Gli fa indossare l'adorabile nuovo indumento. Poi Gli offre una cintura intrecciata, riccamente ricamata, con una corda pendente decorata con nappe molto spesse. Gesù deve sentirsi comodo nei freschi indumenti puliti, ma non sembra molto felice. Nel frattempo gli altri si sono rinfrescati.

"Vieni, Maestro. Provengono dal mio povero frutteto. E questa è acqua addolcita con miele,

preparata da mia madre. Forse, Simone, tu
preferirai questo vino bianco.
Prendine un po'. E' il vino della mia vigna. E tu,
Giovanni? Prendi la stesse cose del Maestro?
"Giuda è felicissimo mentre versa le bevande in
bellissimi calici d'argento, ostentando così la sua
ricchezza.
Sua madre non è molto loquace. Ella osserva...
osserva... Giuda, e ancora di più Gesù, e quando
Gesù, prima di mangiare, le offre il frutto più bello
- di colore rosso-giallo - e le dice:
"Prima di tutto alla madre, sempre", i suoi occhi si
riempiono di lacrime.
"Madre, il letto è pronto?" Chiede Giuda.
"Sì, figlio mio. Penso di averti fatto tutto bene. Ma
io sono stata allevata qui e ho sempre vissuto qui e
non conosco... non conosco le abitudini dei re."
"Quali abitudini, donna? Quali re? Cosa hai fatto,
Giuda?"
"Non sei Tu il promesso Re di Israele? E' tempo che
il mondo Ti saluti come tale, e ciò deve avvenire
per la prima volta qui, nella mia città, nella mia
casa. Io Ti onoro come tale. Per il mio bene, e per il
rispetto dovuto ai Tuoi nomi di Messia, Cristo, Re,
che i Profeti Ti hanno dato per ordine di Yahweh,
non smentirmi."
"Donna, amici, vi prego. Devo parlare con Giuda.
Ho precise istruzioni da dargli."
La madre e i discepoli si allontanano.
"Giuda: cosa hai fatto? Mi hai compreso così poco
finora? Perché abbassarmi al punto di rendermi
solo un uomo potente del mondo, anzi: un uomo
che ordisce intrighi per divenire potente? E non
capisci che questa è un'offesa, anzi un ostacolo
alla Mia missione? Sì. Non negarlo. E' un ostacolo.
Israele è assoggettata a Roma. Sai cosa è successo
quando sollevarono contro Roma qualcuno che
sembrava un capo delle folle e destò il sospetto di

creare un'insurrezione. Solo qualche giorno fa hai sentito quanto furono spietati nei confronti di un Bambino perché temevano che potesse diventare un re secondo il mondo. E ancora tu!...

Oh! Giuda! Cosa ti aspetti dalla sovranità della carne? Cosa ti aspetti? Ti ho dato tempo per pensare e decidere. Ti ho parlato chiaramente sin dal principio. Ti ho anche respinto perché sapevo... perché so, leggo e vedo ciò che è in te. Perché vuoi seguirmi, se non vuoi essere come Io voglio che tu sia? Allontanati, Giuda. Non far del male a te stesso e non far del male a Me... Allontanati. E' meglio per te. Non sei un lavoratore adatto a questo compito. E' di gran lunga al di sopra di te. In te vi è orgoglio, ingordigia e tutte le sue tre diramazioni, vi è arroganza... anche tua madre deve aver paura di te... tu sei incline alla falsità... No, il Mio seguace non deve essere tale. Giuda, Io non ti odio, non ti maledico. Ti dico semplicemente, e te lo dico con il dolore di uno che sa di non poter cambiare la persona che ama, ti dico solo: vai per la tua strada, fatti strada nel mondo, perché è ciò che vuoi, ma non restare con Me.

La mia vita!... Il mio palazzo reale! Quanto sono piccoli e gretti! Sai dove sarò un Re? Quando sarò proclamato Re? Quando sarò sollevato su un tristemente noto pezzo di legno e il Mio stesso sangue sarà la Mia porpora, e la mia corona sarà un cerchio di spine e la mia insegna un manifesto di scherno e le maledizioni di tutto il popolo, del Mio popolo, saranno le trombe, i tamburi, gli organi, le cetre che saluteranno la proclamazione del Re. E sai per atto di chi avverrà tutto ciò? Per atto di qualcuno che non Mi ha compreso. Uno che non avrà compreso nulla. Uno il cui cuore era un vuoto pezzo di bronzo, che l'orgoglio, la sensualità e l'avarizia avranno riempito dei loro umori, che genererà spire di serpenti che saranno usate per incatenarmi e... e per maledirlo. Gli altri non sono così ben consapevoli del Mio destino. Ti prego di non dirlo a loro. Teniamolo per noi. In ogni caso è un rimprovero... e tu resterai calmo ed eviterai di dire: 'Sono stato rimproverato'... E' chiaro, Giuda?" Giuda è arrossito così tanto da sembrare viola. E' di fronte a Gesù, mortificato, a testa bassa... si inginocchia e piange con la testa sulle ginocchia di Gesù: "Io Ti amo, Maestro, non respingermi. Sì, sono orgoglioso e stolto ma non mandarmi via. No. Maestro. Non lo farò mai più. Hai ragione. Sono stato sconsiderato. Me c'è dell'amore nel mio sbaglio. Io voglio onorarti... e volevo che anche gli altri Ti onorassero... perché Ti amo. Hai detto così tre giorni fa: 'Quando commetti uno sbaglio senza malizia, per ignoranza, non è un errore, ma un giudizio imperfetto: come l'errore di un bambino, e Io sono qui per rendervi adulti.' Eccomi qui, qui appoggiato alle Tue ginocchia... Tu hai detto che saresti stato un padre per me... e sono qui appoggiato alle Tue ginocchia come se fossero quelle di mio padre, e Ti chiedo di perdonarmi, e di rendermi 'adulto', un santo adulto... Non mandarmi via, Gesù, Gesù, Gesù... Non tutto è cattivo in me. Lo sai: ho lasciato tutto per Te e sono venuto. Tu sei molto di più degli onori e delle vittorie che ho servito all'altra gente. Tu in realtà sei l'amore del povero Giuda infelice che non vorrebbe darti altri che Gioia, e invece è la causa del Tuo dolore..."

"Ve tutto bene, Giuda. Ti perdono un'altra volta..." Gesù sembra stanco... "Ti perdono, sperando... sperando che in futuro tu Mi capirai."

"Sì, Maestro. Ma adesso non smentirmi, altrimenti mi derideranno. Tutti a Kariot sanno che stavo per arrivare con il Discendente di Davide, il Re di Israele... e la città ha fatto dei preparativi per darti

il benvenuto... pensavo di fare una cosa buona...
mostrandoti cosa si deve fare per essere rispettato
e ricevere obbedienza... e volevo anche mostrarlo a
Giovanni e Simone, e attraverso di loro, a tutti gli
altri che Ti amano ma Ti trattano come un loro
pari... Anche mia madre sarebbe schernita, come
la madre di un pazzo bugiardo. Per il suo bene,
mio Signore... E giuro che..."
"Non giurare a Me. Giura a te stesso, se puoi, che
non ricommetterai un tale peccato. Per il bene di
tua madre e dei tuoi amici cittadini Io non ti farò
vergognare andando via senza fermarmi qui.
Alzati."
"Cosa dirai agli altri?"
"La verità..."
"No, non farlo..."
"La verità: che ti ho dato istruzioni per oggi. E'
sempre possibile dire la verità in maniera
caritatevole. Andiamo. Chiama tua madre e gli
altri."
Gesù è piuttosto severo. Sorride di nuovo solo
quando Giuda ritorna con sua madre e i discepoli.
La donna sembra in grande disagio e guarda Gesù,
ma acquista confidenza quando vede il Suo
atteggiamento gentile.
"Andiamo a Kariot? Ho riposato e voglio dirti
grazie, madre, per tutta la tua gentilezza. Che il
Paradiso ti ricompensi e conceda riposo e pace al
tuo defunto marito, per tutta la tua carità nei Miei
confronti. "
La donna cerca di baciargli la mano, ma Gesù le
accarezza il capo e così le evita di farlo.
"Il carro è pronto, Maestro. Vieni."
Fuori, infatti, sta arrivando un carro trainato da
un bue. E' un carro confortevole, su cui hanno
disposto dei cuscini come sedili e una tenda rossa
come copertura.
"Sali, Maestro."

"Prima tua madre. "

La donna sale, poi salgono Gesù e gli altri.

"Siediti qui, Maestro." (Giuda non Lo chiama più re).

Gesù si siede davanti, e Giuda accanto a Lui. La donna e i discepoli sono dietro. L'uomo che guida il carro sprona i buoi accanto a loro a camminare. E' un breve viaggio; poco più di quattrocento metri. Ora si intravedono le prime case di Kariot e sembra una cittadina rispettabile. Un ragazzino, che osservava dalla strada soleggiata, corre via improvvisamente. Quando il carro raggiunge le prime case, i notabili e la gente Gli danno il benvenuto; le case sono decorate di drappeggi e rami. La gente urla di gioia e fa profondi inchini. Gesù, dall'alto del Suo trono ondeggiante, non può far altro che salutarli e benedirli.

Il carro avanza e, dopo aver attraversato una piazza, svolta in una strada e si ferma davanti a una casa la cui porta è già spalancata e due o tre donne attendono alla porta. Si fermano e scendono. "La mia casa è la Tua, Maestro. "

"Pace ad essa, Giuda. Pace e santità."

Entrano. Oltre l'ingresso si trova un'ampia stanza, con bassi divani e mobili intarsiati. I notabili del posto ed altra gente entra con Gesù. Ci sono molti inchini e curiosità: una gioia ostentata. Un solenne uomo anziano tiene un discorso:

"E' un grande onore per la terra di Kariot riceverti, mio Signore. Una grande fortuna! Un lieto giorno! E' una grande fortuna averti qui e vedere che un figlio di Kariot è un Tuo amico e assistente. Che sia benedetto perché Ti ha incontrato prima di tutti gli altri! E che Tu sia benedetto dieci volte perché Ti sei rivelato: Tu sei colui Che è stato atteso per generazioni e generazioni. Parla, mio Signore e Re. I nostri cuori sono ansiosi di ascoltare la Tua

parola, come la terra inaridita da un'estate ardente attende le prime leggere piogge di settembre."
"Grazie, chiunque tu sia. Grazie. E grazie a questi cittadini i cui cuori hanno onorato il Verbo del Padre, e al Padre di Cui Io sono il Verbo. Perché voi dovete comprendere che i ringraziamenti e gli onori non sono dovuti al Figlio dell'uomo, Che vi sta parlando, ma al Signore Supremo, per questo tempo di pace durante il quale Egli ristabilisce la paternità spezzata con il figlio dell'uomo. Lodiamo il vero Signore, il Dio di Abramo Che ha avuto misericordia e ha amato il Suo popolo e ha concesso loro il Redentore promesso. Gloria e lode non a Gesù, il servitore della Volontà Eterna, ma alla Volontà amorevole."
"Le tue parole sono le parole di un santo: Io sono il capo della sinagoga. Oggi non è uno Shabbat. Ma vieni nella mia casa, a spiegare la Legge, poiché Tu sei unto di Saggezza, piuttosto che di olio reale."
"Verrò."
"Forse il mio Signore è stanco..."
"No, Giuda, non sono mai stanco di parlare di Dio e non sono mai ansioso di deludere i cuori degli uomini."
"Vieni, allora" insiste il capo della sinagoga. "Tutta Kariot è là fuori che Ti aspetta."
"Andiamo."
Escono. Giuda è tra Gesù e il capo della sinagoga, attorno a loro ci sono i notabili e la folla. Gesù passa tra di loro benedicendo.
La sinagoga è sulla piazza. Entrano. Gesù va al leggio. Comincia a parlare, splendido nei Suoi meravigliosi indumenti, con il volto ispirato, le braccia distese nel Suo atteggiamento usuale.
"Popolo di Kariot, la Parola di Dio vi parla. Ascoltate. Colui Che vi sta parlando non è altro che La Parola di Dio. La sua sovranità discende dal Padre e tornerà al Padre dopo che Israele sarà

stato evangelizzato. Che i vostri cuori e le vostre menti si aprano alla verità, in modo che possiate essere liberi dagli errori e dalla confusione.

Isaia disse: 'Perché tutte le calzature della battaglia, ogni mantello avvolto nel sangue, sono bruciati e consumati dal fuoco. Perché c'è un Bambino nato per noi, un Figlio donato a noi, e il dominio è posto sulle Sue spalle; è questo è il nome che Gli danno: Miracoloso Consigliere, Potente Dio, Padre Eterno, Principe della Pace.' Quello è il Mio Nome.

Lasciamo a Cesare e ai Tetrarchi le loro prede. Io commetterò un furto. Ma non un furto destinato ad essere punito con il fuoco. Al contrario io strapperò dal fuoco di Satana molte delle sue prede e le porterò nel Regno della pace, di cui Io sono il Principe, e per il prossimo secolo: il tempo eterno di cui Io sono il Padre.

'Dio', dice Davide, dalla cui stirpe Io discendo, come fu profetizzato da coloro che videro il futuro grazie alla loro santità che fu talmente gradita a Dio, che Li scelse come Suoi messaggeri, 'Dio ha eletto solo uno... mio figlio... ma l'opera è grandiosa: questo palazzo non è per l'uomo ma per Dio.' E' così. Dio, il Re dei re, ha eletto una sola persona: Suo Figlio, per costruire la Sua casa nei cuori degli uomini. Ed Egli ha già preparato i materiali. Oh! Quanto oro di carità! E rame, argento, ferro, legno raro e pietre preziose! Sono tutti raccolti nella Sua Parola Che fa uso di essi per costruire la dimora di Dio in voi. Ma se l'uomo non aiuta il Signore, il Signore costruirà la sua dimora invano. Si deve rispondere all'oro con l'oro, all'argento con l'argento, al rame con il rame, al ferro con il ferro.

Cioè, l'amore deve essere dato per l'amore, la continenza per servire la Purezza, la perseveranza per essere leali, la forza per essere saldi. E bisogna trascinare pietre oggi, legno domani: un sacrificio oggi, un'azione domani e così costruire. Dovete sempre costruire il Tempio di Dio nei vostri cuori. Il Maestro, il Messia, il Re dell'eterno Israele e del popolo eterno di Dio, vi chiama. Ma Egli vuole che voi siate puri per l'opera. Abbandonate l'orgoglio: la lode si deve a Dio. Abbandonate i pensieri umani: il Regno appartiene a Dio. Siate umili e ripetete con Me: 'Tutte le cose sono Tue, Padre. Tutto ciò che è buono è Tuo. Insegnaci a conoscerti e a servirti nella verità.' Dite: 'Chi sono io?' E riconoscete che voi sarete qualcosa solo quando diventerete dimore purificate in cui Dio possa discendere e riposare. Voi siete pellegrini e stranieri in questo mondo, imparate a riunirvi e ad avanzare verso il Regno promesso. La strada: i comandamenti osservati non per la paura di una punizione, ma per l'amore verso di Te, santo Padre. L'Arca: un cuore perfetto in cui la manna nutriente della saggezza è custodita e il ramo di una volontà pura fiorirà certamente. E venite alla Luce del mondo, in modo che le vostre case possano risplendere di luce. Io vi porto la Luce. Nient'altro. Non possiedo ricchezze e non prometto onori terreni. Ma Io possiedo tutta la ricchezza soprannaturale di Mio Padre e prometto l'onore eterno del Paradiso a coloro che seguiranno Dio con amore e carità. La pace sia con voi."

La gente, che ha ascoltato attentamente, comincia a mormorare, in qualche modo agitata. Gesù parla con il capo della sinagoga. Altra gente, forse i notabili, si unisce al gruppo.

"Maestro, ma non sei Tu il Re di Israele? Ci è stato detto..."

"Lo sono."

"Ma Tu hai detto..."

"Che Io non possiedo né prometto Ricchezza terrena. Posso solo dire la verità. Sì, è così. So cosa pensate. Ma l'errore è dovuto a un'interpretazione sbagliata e al vostro grande rispetto per l'Altissimo. Vi è stato detto: 'Il Messia sta arrivando' e voi avete pensato, come molti in Israele, che Messia e re fossero la stessa cosa. Elevate ancora di più le vostre menti. Guardate questo bel cielo d'estate. Pensate che finisca lì, dove l'aria sembra una volta di zaffiro? No, le sfere più pure e più azzurre sono oltre, in alto fino al Paradiso, che nessuno può immaginare, dove il Messia condurrà tutti i giusti che muoiono nel Signore. La stessa differenza esiste tra la regalità del Messia, come interpretata dagli uomini, e la Sua vera Regalità: che è interamente divina."

"Ma saremo noi, poveri uomini, in grado di elevare le nostre menti così in alto?"

"Sì, se solo lo vorrete. E, se lo vorrete, Io vi aiuterò."

"Come dovremmo chiamarti, se non sei un re?"

"Chiamatemi Maestro, o Gesù, come volete. Io sono un Maestro e sono Gesù, il Salvatore."

Un uomo anziano dice: "Ascolta, mio Signore. Qualche tempo fa, molto tempo fa, al tempo dell'editto, abbiamo sentito dire che il Salvatore era nato a Betlemme... e io sono andato lì con altra gente... ho vesto un Bambino piccolo, esattamente come tutti gli altri neonati. Ma io L'ho adorato con fede. Poi ho sentito che esisteva un sant'uomo, di nome Giovanni. Qual è il vero Messia?"

"Colui che hai adorato. L'altro è il Suo Precursore: un grande santo agli occhi dell'Altissimo. Ma egli non è il Messia."

"Eri Tu?"

"Ero Io. E cosa hai visto attorno al Neonato?"

"Povertà e pulizia, onestà e purezza... Un gentile serio carpentiere, il cui nome era Giuseppe, un carpentiere ma della Casa di Davide, una giovane madre, leale e gentile, il cui nome era Maria, innanzi alla cui grazia le più belle rose di En Gedi

impallidiscono e i lilla dei letti di fiori regali
sembrano deformi, e un Bambino con grandi occhi
blu e capelli color oro pallido... non ho visto altro...
e ricordo ancora la voce della Madre che mi diceva:
'A nome della Mia Creatura Io ti dico: che il Signore
sia con te fino all'incontro eterno e che la Sua
grazia ti venga incontro nel tuo cammino.' Io ho
ottantaquattro anni... il mio cammino è prossimo
alla fine. Non mi aspettavo più di incontrare la
Grazia di Dio. Invece ho trovato Te... e ora non
intendo vedere altra luce all'infuori della Tua... Sì.
Io Ti vedo e sei in questa veste misericordiosa, che
è la carne che hai assunto. Io Ti vedo! Ascolta la
voce di un uomo che vede la Luce di Dio mentre
muore!"
La gente si accalca intorno all'anziano uomo in
estasi, che è nel gruppo di Gesù. Non
appoggiandosi più al suo bastone, solleva le sue
braccia tremanti e alza la testa bianca che, con la
barba, sembra la testa di un patriarca o un
profeta.
"Io Lo vedo: Il Prescelto, il Supremo, il Perfetto, Che
è disceso qui dall'amore, Lo vedo risollevarsi alla
destra del Padre e divenire tutt'uno con Lui. Ma...
Oh! Egli non è solo una Voce o un'Essenza
incorporea, come Mosè vide il Supremo, o come la
Genesi racconta che i Primi Genitori ascoltarono e
parlarono con Lui nella brezza della sera. Io Lo
vedo come Carne reale che si innalza verso il Padre
Eterno. Splendente Carne! Gloriosa Carne! Oh!
Magnificenza di Carne Divina! Oh! Bellezza
dell'Uomo-Dio! Egli è il Re! Sì. Il Re. Non di Israele,
del mondo. Tutte le nobiltà della terra si inchinano
innanzi a Lui e tutti gli scettri e le corone
sbiadiscono nello splendore del Suo scettro e dei
suoi gioielli. Egli ha una corona sulla Sua testa e
uno scettro nella Sua mano. Egli indossa un
razionale sul Suo torace: è adorno di perle e rubini,

di una brillantezza mai vista prima. Da esso si
sprigionano fiamme come da una fornace ardente.
Ci sono due rubini sul Suo polso e fibbie con
rubini sui Suoi santi piedi. Dai rubini si sprigiona
molta luce! Ammirate, gente, l'Eterno Re! Io Ti
vedo! Io Ti vedo! Mi sto innalzando con Te... Ah!
Signore! Il Nostro Redentore!... La luce si amplifica
nella mia anima... Il Re è adorno del Suo stesso
Sangue! La corona è un cerchio di spine
insanguinate. Lo scettro è una croce... Ecco
l'Uomo! Eccolo qui! Sei Tu!... Signore, per il Tuo
sacrificio abbi pietà del Tuo servitore, Gesù, io
affido la mia anima alla Tua misericordia. "
L'anziano uomo, che finora è rimasto in piedi,
rinvigorito dal fuoco della profezia, collassa
improvvisamente e sarebbe caduto se Gesù non lo
avesse prontamente sorretto sul Suo torace.
"Saul."
"Saul sta morendo!"
"Aiuto!"
"Presto."
"Pace all'uomo giusto che sta morendo" dice Gesù,
Che si è lentamente inginocchiato per sorreggere
l'anziano uomo, che è diventato sempre più
pesante.
C'è silenzio.
Poi Gesù lo distende sul pavimento. E si alza.
"Pace a quest'anima. E' morto vedendo la Luce.
Nella sua attesa, che sarà breve, egli vedrà già il
volto di Dio e sarà felice. Non c'è morte, cioè
allontanamento dalla vita, per coloro che sono
morti nel Signore."
La gente, dopo un po', si allontana commentando.
Gli anziani, Gesù, i Suoi discepoli e il capo della
sinagoga restano.
"Ha fatto una profezia, Signore."
"I suoi occhi hanno visto la Verità. Andiamo."
Escono.

"Maestro, Saul è morto estasiato dallo Spirito di
Dio. Noi l'abbiamo toccato, siamo puri o impuri?"
"Impuri."
"E Tu?"
"Io sono proprio come gli altri. Non ho cambiato la
Legge. La Legge è legge e un Israelita la rispetta.
Siamo impuri. Tra il terzo e il settimo giorno
saremo purificati. Fino ad allora, saremo impuri.
Giuda, non tornerò da tua madre. Non voglio
portare impurità alla sua casa. Mandaglielo a dire
da qualcuno che può andarci. Pace a questa città.
Andiamo."

Al Ritorno Da Kariot Gesù Si Ferma Con I Pastori Vicino A Hebron.

Gesù, con i Suoi discepoli, cammina su una strada tortuosa che sale lungo il fianco della montagna, a precipizio su un torrente sul fondo della valle. Giovanni è quasi viola, carico come un facchino, con una sacca pesante, Giuda porta la borsa di Gesù e Simone ha solo la sua borsa e i mantelli. Gesù indossa ora i suoi vestiti e i sandali e la mancanza di grinze sulla sua tunica suggerisce che la madre di Giuda debba averla lavata.

"Quanta frutta! Che belle queste vigne su quelle colline!" Dice Giovanni, che è sempre di buon umore, nonostante il caldo e la fatica. "Maestro, è quello il fiume sulle cui rive i nostri padri raccolsero i grappoli miracolosi?"

"No, è un altro, più a sud. Ma l'intera regione fu benedetta con ricchi frutti."

"Non è così benedetta ora, sebbene sia ancora bella."

"Troppe guerre hanno devastato il territorio. Israele fu fondato qui... ma è stato fertilizzato col suo stesso sangue e con il sangue dei suoi nemici."

"Dove incontreremo i pastori?"

"A cinque miglia da Hebron, sulle rive del fiume di cui chiedevi."

"Oltre quella collina, allora."

"Esatto."

"Fa molto caldo. L'estate... dove andremo dopo, Maestro?"

"In un posto ancora più caldo. Ma vi chiedo di venire. Viaggeremo di notte. Le stelle sono così luminose che non c'è buio. Voglio mostrarvi un posto..."

"Una città?"

"No... Un posto... che vi farà comprendere il Maestro... forse meglio di quanto ci riescano le Sue parole."

"Abbiamo perso qualche giorno per quello stupido incidente. Ha rovinato tutto... e mia madre che si era preparata così tanto, è rimasta delusa. Non capisco perché volevi segregare Te stesso con la purificazione..."

"Giuda, perché chiami stupido un fatto che è stato una grazia per un vero credente? Non vorresti una morte simile per te stesso? Egli aveva atteso tutta la vita il Messia, e sebbene fosse un uomo anziano, ha attraversato strade malmesse per adorarlo, quando gli è stato detto: 'E' qui.' Ha conservato la parola di Mia Madre per trent'anni nel suo cuore. E' stato rapito dal fuoco dell'amore e della fede nell'ultimo istante a lui concesso da Dio." Il suo cuore scoppiava di gioia ed è stato bruciato, come un piacevole olocausto, dal fuoco di Dio. Quale destino potrebbe essere migliore? Ha rovinato la festa che avevi preparato? Puoi vedere in questo la risposta di Dio. Ciò che riguarda l'uomo non deve essere mescolato con ciò che riguarda Dio... Tua madre mi riceverà di nuovo. L'anziano uomo non Mi avrebbe più visto. Tutta Kariot può venire da Cristo, l'anziano uomo non aveva più le forze per farlo. Sono felice di aver stretto al Mio cuore il vecchio padre morente e di aver lodato al sua anima. Riguardo al resto... Perché dare scandalo mancando di rispetto verso la Legge?

Dobbiamo camminare innanzi agli altri se vogliamo dire: 'Seguitemi.' E per condurre la gente lungo un cammino santo, dobbiamo percorrere lo stesso cammino. Come avrei potuto dire, o come potrei dire: 'Sii fedele', se Io non fossi fedele?"

"Penso che quell'errore sia la causa della nostra decadenza... " Sottolinea Simone. "... I rabbini e i farisei torchiano il popolo con i loro precetti e poi... poi si comportano come l'uomo che ha sconsacrato la casa di Giovanni, rendendola un luogo di perdizione."

"E' un uomo di Erode..."

"Sì, Giuda, ma gli stessi errori si possono trovare anche tra le classi che sono dette - da essi stessi naturalmente - sante." "Tu cosa ne dici, Maestro?" Chiede Simone.

"Io dico che c'è una manciata di vero lievito e vero incenso in Israele, il pane sarà preparato e l'altare sarà profumato."

"Cosa vuoi dire?"

"Voglio dire che se c'è qualcuno che arriverà alla Verità con un cuore sincero, la Verità si diffonderà come lievito nell'impasto di farina e come incenso su tutto Israele."

"Cosa Ti ha detto quella donna?" Chiede Giuda. Gesù, non risponde, ma si rivolge a Giovanni: "Il tuo carico è pesante e sei stanco. Dallo a Me."

"No, Gesù, sono abituato a trasportare pesi e in ogni caso... il pensiero della gioia di Isacco lo rende leggero."

Girano intorno alla collinetta. Le pecore di Elia sono all'ombra del bosco, dall'altra parte. E i pastori, seduti all'ombra le stanno guardando. Quando vedono Gesù cominciano a correre.

"Pace a voi. Siete qui?"

"Eravamo preoccupati per Te... per il ritardo... e non sapevamo se venire a trovarti o obbedire... poi abbiamo deciso di venire fin qui... e così obbedire alle Tue istruzioni e allo stesso tempo soddisfare il nostro amore. Avresti dovuto essere qui molti giorni fa."

"Abbiamo dovuto trattenerci..."

"Niente... di grave?"

"No, amici, niente. Un fedele credente è morto sul Mio petto. Nient'altro."

"Cosa pensate che dovrebbe essere accaduto, pastori? Quando le cose sono ben organizzate... certamente bisogna sapere come prepararle e preparare anche i nostri cuori a riceverle. La mia città ha reso ogni onore a Cristo. Vero, Maestro?"

"Sì. Isacco, al nostro ritorno siamo andati a trovare Sara. Anche la città di Juttah, senza alcun preparativo all'infuori della semplice bontà e della verità delle parole di Isacco, ha compreso l'essenza della Mia dottrina e ha imparato ad amare con un amore santo, concreto e disinteressato. Ti ha mandato dei vestiti e del cibo, Isacco, e tutti volevano aggiungere qualcosa all'elemosina che hai lasciato sul tuo letto, perché ora sei tornato al mondo e ti manca tutto. Prendi questo. Io non prendo mai denaro. Ma l'ho accettato perché è stato purificato dalla carità."

"No, Maestro, tienilo Tu. Io... io sono abituato a farne a meno."

"Tu ora dovrai recarti nei vari villaggi in cui ti manderò. E ne avrai bisogno. Un lavoratore ha diritto alla sua paga, anche se si occupa di anime... perché c'è ancora un corpo da nutrire, come se fosse un asino che aiuta il suo maestro. Non è molto. Ma ce la farai. Giovanni ha dei vestiti e dei sandali in quella borsa. Gioacchino ne ha presi alcuni dei suoi. Potrebbero essere troppo grandi... ma c'è tanto amore nel dono!"

Isacco, che era ancora scalzo e indossava la sua strana veste ricavata da una coperta, prende la borsa e va a vestirsi dietro a un cespuglio.

"Maestro" dice Elia. "Quella donna... la donna che è nella casa di Giovanni... tre giorni dopo la Tua partenza e che noi pascolavamo le pecore nei campi di Hebron - appartengono a tutti, i campi, e non potevano mandarci via - ha mandato da noi la sua ancella con questa borsa e ci ha detto che voleva parlarci... non so se ho fatto bene... ma la prima volta le ho restituito la borsa e ho detto: 'Non voglio ascoltarla'... Poi ha mandato questo messaggio: 'Vieni nel nome di Gesù' e sono andato. Ha aspettato finché... bene, l'uomo che la mantiene, fosse andato via... Quante cose voleva sapere. Ma io... non le ho detto molto. Per prudenza. E' una prostituta. Avevo paura che potesse essere una trappola per Te. Mi ha chiesto chi sei, dove vivi, cosa fai, se sei un gentiluomo... io ho detto: 'E' Gesù di Nazaret, va ovunque, perché è un Maestro, e gira per la Palestina per insegnare'; ho detto che sei un uomo povero, un semplice lavoratore, reso saggio dalla Saggezza... Niente altro."

"Hai fatto bene" dice Gesù, mentre Giuda, allo stesso momento, esclama: "Hai fatto male! Perché non hai detto che Egli è il Messia, il Re del mondo? L'orgogliosa donna romana dovrebbe essere schiacciata sotto il vento dello splendore di Dio."

"Non mi avrebbe compreso... In ogni caso come avrei potuto essere sicuro che fosse sincera? Se la vedessi, diresti com'è. Avrei dovuto mettere argomenti santi, e tutto ciò che è Gesù è santo, nella sua bocca? Avrei dovuto mettere in pericolo Gesù, dandole troppe informazioni? Chiunque può fargli del male, ma non io."

"Giovanni, andiamo a dirle chi è il Maestro, e a spiegarle la santa verità." Suggerisce Giuda.

"Non io. A meno che non me lo dica Gesù."

"Hai paura? Cosa potrebbe farti? Hai provato disgusto per lei? Il Maestro no."

"Non ho paura, né la disprezzo. Mi dispiace per lei.
Ma penso che se Gesù volesse, avrebbe potuto
fermarsi a insegnare a lei. Non l'ha fatto... non è
necessario che lo facciamo noi."
"In quel periodo non c'erano i segni di una
conversione... Ora... Mostrami la borsa, Elia. " E
Giuda, che è seduto sull'erba, svuota la borsa sul
suo mantello. Anelli, bracciali, braccialetti e una
collana rotolano fuori: oro giallo sull'oro nero del
mantello di Giuda. "Sono gioielli"... Cosa possiamo
farcene?"
"Possono essere venduti" dice Simone.
"Sono oggetti importuni" dice Giuda, tuttavia li
ammira.

"E' ciò che lo ho detto, quando li ho presi; ho anche detto: 'Il tuo padrone ti picchierà' Ha risposto: 'Non appartengono a lui. Sono miei e ne faccio ciò che voglio. So che è l'oro del peccato... ma diventerà buono se sarà usato per i poveri e i santi. In modo che possano ricordarsi di me' e piangeva."

"Va' a trovarla, Maestro. " Dice Giuda.

"No."

"Manda Simone."

"No."

"Bene, ci andrò io."

"No!" Il tono di Gesù è duro e perentorio.

"Ho sbagliato, Maestro, a parlare con lei e a prendere quell'oro?" Chiede Elia, quando vede Gesù così serio.

"Non hai fatto niente di male. Ma non c'è altro da fare."

"Ma forse quella donna vuol redimersi e ha bisogno di essere guidata..." obietta Giuda ancora una volta.

"Ci sono già in lei così tante scintille da far divampare un fuoco che brucerà i suoi vizi e purificherà la sua anima e il pentimento la renderà di nuovo innocente. Qualche minuto fa vi ho parlato del lievito che viene mescolato alla farina e la trasforma in santo pane. Ora ascoltate una breve parabola.

Quella donna è la farina. Una farina in cui il Maligno ha mescolato le sue polveri infernali. Io sono il lievito. Cioè, la Mia parola è il lievito. Ma se c'è troppo fieno nella farina, o se sabbia o piccole pietre o cenere sono mescolate ad essa, è possibile farne un buon pane, anche se il lievito è buono? Non è possibile. E' necessario rimuovere il fieno, la cenere, le pietre e la sabbia dalla farina.

Poi passa la Misericordia e offre il primo setaccio...
Il primo: fatto di brevi verità fondamentali, che può
essere compreso da qualcuno imbrigliato nella rete
della totale ignoranza, del vizio e del paganesimo.
Se l'anima lo accetta, comincia la prima
purificazione. La seconda avviene per mezzo del
setaccio della stessa anima, che confronta il
proprio essere con l'Essere che Si è rivelato. E
l'anima prova orrore. E comincia la sua opera per
mezzo di un'operazione sempre più specifica; dopo
le pietre, la sabbia e la cenere, arriva al punto di
rimuovere anche quella parte di farina che consiste
di granuli troppo pesanti e troppo spessi per farne
un buon pane. L'anima ora è pronta. La
misericordia passa quindi ancora una volta e
penetra nella farina ora pronta - anche quella è
una preparazione, Giuda - e la fa crescere e la
trasforma in pane. Ma è una lunga operazione:
un'operazione della 'forza di volontà' dell'anima.
Quella donna ha già in sé il minimo che era giusto
darle e che può essere usato da lei per compiere la
sua opera. Lasciamo che la compia, se vuole, ma
non dobbiamo disturbarla. Tutto turba un'anima
che opera: la curiosità, lo zelo sconsiderato,
l'intolleranza come anche la compassione
eccessiva."
"Allora non andiamo a trovarla?"
"No. E affinché nessuno di voi abbia la tentazione
di farlo, partiamo subito. C'è ombra nel bosco. Ci
fermeremo ai piedi della Valle di Terebinto. E ci
separeremo lì. Elia tornerà ai suoi pascoli con Levi:
Giuseppe verrà con me fino al guado di Gerico. Più
tardi... ci rincontreremo. Tu, Isacco, continua ciò
che hai fatto a Juttah, andando da lì, attraverso
Arimatea e Lidda, fino a Doco. Ci incontreremo lì.
E' necessario preparare la Giudea, e tu sai come
fare. Proprio come hai fatto a Juttah."
"E noi?"

"Voi? Voi verrete, come ho detto, a vedere la Mia preparazione. Anch'io mi sono preparato alla Mia missione."

"Sei andato da un rabbino?"

"No."

"Sei andato da un Giovanni?"

"Sono stato solo battezzato da lui."

"Bene, allora?"

"Betlemme ha parlato con le sue pietre e i suoi cuori. Anche dove vi sto portando, Giuda, le pietre e un cuore, il Mio, parleranno con voi e vi daranno la risposta."

Elia, che ha portato del latte e del pane nero, dice: "Mentre Ti aspettavo, ho provato, e Isacco ha provato con me, a convincere la gente di Hebron... Ma essi non ci crederanno, non giureranno, non vogliono nessun altro all'infuori di Giovanni. Lui è il loro 'uomo santo' e non vogliono nessun altro."

"E' un peccato piuttosto comune a molti luoghi e a molti credenti presenti e futuri. Guardano l'operaio, non il maestro che ha mandato l'operaio. Fanno domande all'operaio e non gli dicono nemmeno: 'Dillo al tuo maestro.' Dimenticano che esiste un operaio solo perché c'è un maestro e che è il maestro che addestra l'operaio e gli permette di lavorare. Dimenticano che l'operaio può intercedere, ma solo il maestro può concedere. In questo caso Dio e la Sua Parola con Lui. Non importa. La Parola è dispiaciuta ma non porta rancore. Andiamo."

Gesù Torna Alla Montagna Dove Digiunò E Alla Roccia Della Tentazione.

E' l'alba, sul fianco di una montagna nel deserto. Alcune stelle sono ancora visibili e un arco molto sottile di luna calante appare come una virgola d'argento sul velluto blu scuro del cielo. La montagna è completamente isolata, non essendo collegata a nessun'altra catena montuosa. La cima della montagna si trova molto più in alto ma, anche a metà della sua china, che si trova molto al di sopra del livello del suolo, si domina una vista molto ampia dell'orizzonte. Nella fresca aria del mattino, mentre la debole luce bianco-verdastra dell'alba diventa sempre più chiara, i profili e i dettagli emergono lentamente dalla nebbia che precede l'alba, una nebbia più scura della notte, poiché la luce delle stelle sembra diminuire e svanire nella transizione dalla notte al giorno. Il volto roccioso e arido della montagna emerge, lacerato da gole che formano grotte, cave e insenature. E' una vero deserto, con solo pochi ciuffi verdi di rigide piante spinose con poche foglie e bassi cespugli rigidi di erba selvaggia del deserto, con foglie simili a steli verdi.
La pianura al di sotto della montagna è ancora più arida; un piatto terreno pietroso che diviene ancora più arido allungandosi verso una macchia scura, più lunga che larga, almeno cinque volte più lunga. Nella flebile luce del mattino, sembra una densa

oasi, sorta in questo squallore dall'acqua del sottosuolo ma, man mano che la luce diventa più luminosa, si rivela essere nient'altro che acqua stagnante, scura e morta.

Un lago di infinita tristezza. Nella luce ancora flebile esso evoca visioni di un mondo defunto e sembra attirare a sè tutto il buio del cielo e tutta l'oscurità dell'area circostante, dissolvendo nelle sue acque placide il verde intenso degli arbusti spinosi dell'erba rigida che, per miglia e miglia intorno e al di sopra di esso, sono l'unica decorazione sulla faccia della terra. E, dopo aver filtrato così tanta oscurità, sembra diffonderla nuovamente intorno. Com'è diverso dal lago soleggiato e sorridente di Gennesaret!

In alto, guardando il cielo blu chiaro, che ora diventa sempre più chiaro con l'avanzare della luce da est in una luminosità sempre maggiore, l'anima si rallegra. Ma guardare il vasto lago morto è una pugnalata al cuore. Nessun uccello vola sull'acqua. Nessun animale è sulla sua riva. Nulla. Solo desolazione.

"Eccoci nel posto che volevo." dice Gesù a Giovanni, Simone e Giuda, che sono accanto al pendio roccioso della montagna, dove la lunga erosione delle acque, nei mesi piovosi, ha formato attraverso i secoli un canale molto basso, uno scolo per l'acqua che scorre dalla cima della montagna e che costituisce un sentiero per le capre selvatiche, piuttosto che per gli uomini. Gesù si guarda intorno e ripete: "Sì, questo è il posto in cui volevo portarvi. Qui Cristo si è preparato alla Sua missione."

"Ma non c'è niente qui!"

"Hai ragione, non c'è niente."

"Con chi eri?"

"Con la Mia anima e con il Padre."

"Ah! Sei rimasto solo per poche ore!"

"No, Giuda. Non per poche ore. Per molti giorni..."
"Ma chi Ti ha servito? Dove hai dormito?"
"I miei servi erano gli asini selvatici che venivano a dormire nelle loro caverne, dove anch'io avevo trovato rifugio. Le mie ancelle erano le aquile che Mi dicevano con i loro aspri versi: 'E' l'alba' e volavano via ad attaccare la loro preda. I amici erano i leprotti che venivano quasi ai Miei piedi, rosicando le erbe selvatiche. Il Mio cibo e la Mia bevanda erano lo stesso cibo e la stessa bevanda dei fiori selvatici: la rugiada notturna e la luce del sole. Nient'altro."
"Ma perché?"
"Per preparami bene, come tu dici, alla Mia missione. Le cose ben preparate hanno successo. L'hai detto tu stesso. E la Mia non era una sciocchezza, una cosa inutile che avrebbe glorificato Me, il Servo del Signore, ma, piuttosto, per far comprendere agli uomini qual è il vero Signore e, con la comprensione, renderlo amato nello spirito della verità. Il servo che è preoccupato solo del suo trionfo, e non di quello del Signore, è un uomo miserabile! Il servo che è ansioso di trarre profitto, che sogna di sedere su un alto trono costruito al di fuori dell'interesse di Dio - gli interessi ultraterreni abbassati alla terra - è anch'egli un servo miserabile. Egli non è più un servo, eccetto nell'aspetto esteriore, ma un mercante, un trafficante, una persona ingannevole, che inganna se stesso e gli uomini e vorrebbe ingannare anche Dio... un uomo meschino che si crede un principe mentre è uno schiavo. Egli appartiene al Maligno, il suo re della falsità. Qui, in questa caverna, Cristo è vissuto per tanti giorni, digiunando e pregando per prepararsi alla Sua missione. E tu dove avresti suggerito che avrei dovuto andare a prepararmi, Giuda?"

Giuda è sconcertato e perplesso. Alla fine risponde: "Non saprei... pensavo... da un rabbino... o con gli Esseni... non lo so."

"E sarebbe stato possibile che Io trovassi un rabbino che Mi avrebbe detto di più di quando la potenza e la saggezza di Dio mi dicevano? E avrei potuto Io - Io la Parola Eterna del Padre, Che era presente quando l'uomo creò l'uomo e sono consapevole dell'anima immortale da cui egli è animato e del potere del libero giudizio di cui fu dotato dal Creatore - andare a trarre scienza e capacità da coloro che negano l'immortalità dell'anima, la resurrezione finale ed anche la libertà di agire dell'uomo? Che attribuiscono virtù e vizi, azioni sante e malvagie a un destino, che essi hanno definito predeterminato e incontrollabile? Certamente no!

Voi avete un destino. Nella mente di Dio Che vi crea, c'è un destino per voi. E' il desiderio del Padre. Ed è il destino dell'amore, della pace, della gloria: 'la santità di essere Suoi figli.' Quello è il destino che era presente nella mente divina quando Adamo fu creato dalla polvere e sarà presente fino alla creazione dell'ultima anima dell'uomo.

Ma il Padre non ti sminuisce nella tua posizione di re. Se un re è un prigioniero, non è più un re ma un reietto. Voi siete re perché siete liberi nei vostri piccoli regni individuali; il vostro 'ego'. Potete fare ciò che volete e come volete. Innanzi a voi e sui confini del vostro piccolo regno voi avete un Re amichevole e due poteri nemici. L'Amico vi mostra le regole che Egli impartisce per rendere felici i Suoi seguaci. Le mostra e dice: 'Eccole. Con esse, la vostra vittoria eterna è certa.' Egli, il Saggio e Santo, ve le mostra affinché possiate metterle in pratica, se volete, e così ricevere gloria eterna.

I due poteri nemici sono Satana e la carne. Per carne intendo la vostra carne e il mondo: essi sono le vane e pompose esibizioni e attrazioni del mondo; le ricchezze, le feste, gli onori e i poteri che sono ottenuti dal mondo e nel mondo, ma non sono sempre ottenute onestamente e sono usate ancora meno onestamente quando un uomo finalmente le raggiunge. Satana, il signore della carne e del mondo, parla anche a nome del mondo e della carne. Anch'egli ha le sue regole... Oh! Ne ha certamente! E poiché il vostro 'ego' è contenuto nella carne, e la carne è attratta dalla carne, come pezzi di metallo sono attratti da un magnete, e il canto del Seduttore è più dolce del trillare al chiaro di luna di un usignolo in amore tra cespugli di rose profumate, è più facile seguire tali regole, ed essere inclini a tali poteri e dire ad essi: 'Vi considero amici. Entrate.' Entrate... Avete mai visto un alleato che rimane onesto per sempre, senza chiedere una ricompensa cento volte superiore per l'aiuto che ha dato? E' quello che questi poteri fanno. Entrano... e diventano padroni. Padroni? No: sergenti di galera.

Essi vi legano, uomini, al banco della galera, vi legano con catene, non vi permettono di alzare la testa dal loro giogo, e la loro frusta lascia ferite sanguinanti sulla vostra schiena, se cercate di scappare. Dovete o sopportare di essere fatti a pezzi e diventare un mucchio di carne fatta a pezzi, così inutile, come carne, da essere rigettata e scalciata dai loro piedi crudeli, o dovete morire sotto le loro sferzate.

Se riuscirete a sopportare quel martirio, allora arriverà la Misericordia, l'Unico che può ancora avere misericordia per quella miseria rivoltante che il mondo, uno dei padroni ora ripugna e a cui l'altro maestro, Satana, lancia le frecce della sua vendetta. E la Misericordia, l'Unico, passa, si china, raccoglie, esamina, cura e dice: "Vieni. Non aver paura. Non guardarti. Le tue ferite non sono che cicatrici, ma sono così numerose che avresti orrore, per quanto ti sfigurano. Ma Io non le guardo. Io guardo la tua buona volontà. Per la tua buona volontà, tu sei segnato. Allora ti dico: Io ti amo. Vieni con Me.' E lo porta nella Sua Terra. Allora comprendete che la Misericordia e il Re amichevole sono le stessa persona. Voi trovate le regole che Egli vi aveva mostrato e che voi non avete voluto seguire. Ora le volete... e prima raggiungete la pace della vostra coscienza, poi la pace di Dio. Ditemi, ora. Quel destino fu imposto dall'Unico su tutti, o ciascuno lo ha scelto per se stesso?"

"Fu scelto da ciascuno."

"Hai ragione, Simone. Era possibile che Io andassi da coloro che negano la resurrezione benedetta e il dono di Dio, per essere guidato? Io sono venuto qui. Ho portato la Mia anima di Figlio dell'uomo e le ho dato gli ultimi ritocchi e ho così completato il lavoro di trent'anni di umiltà e di preparazione per essere perfetto quando avrei cominciato la Mia missione. Ora vi chiedo di restare con Me per alcuni giorni in questa caverna. La nostra permanenza sarà meno deprimente perché saremo quattro amici uniti nei nostri sforzi contro la tristezza, le paure, la tentazione e i desideri della carne. Io ero da solo. Sarà meno doloroso, perché ora è estate e lassù i venti delle montagne attenuano il caldo. Io sono venuto qui alla fine della luna di Tevet ** e il vento che soffiava dalle cime innevate era sferzante. Sarà meno difficile perché sarà più breve ad anche perché abbiamo il cibo necessario a soddisfare la nostra fame e nella piccola fiasca di cuoio che ho chiesto ai pastori di darvi, vi è abbastanza acqua da durare per i giorni della nostra permanenza. Io... Io devo strappare due anime a Satana. Può essere fatto solo con la penitenza. Vi chiedo di aiutarmi. Sarà un addestramento per voi. Imparerete come sottrarre vittime a Mammona: non tanto con le parole quanto con il sacrificio... le Parole!... Il frastuono satanico impedisce di udirle... Ogni anima che è preda del Nemico è avvolta da un turbine di voci infernali... Volete restare con Me? Se non lo volete, potete andare e ci incontreremo a Tuqù, vicino al mercato."

**La luna di Tevet è il decimo mese lunare biblico equivalente a Dicembre/Gennaio.

"No, Maestro, io non Ti lascerò" dice Giovanni, e Simone allo stesso tempo esclama: "Tu ci esalti desiderando che restiamo con Te in questa redenzione."

Giuda... non appare tremendamente entusiasta. Ma assume un'espressione favorevole e dice: "Resterò."

"Bene, prendete le fiasche e le borse e mettetele dentro, e prima che il sole diventi cocente, spezzate della legna e raccoglietela accanto alla fenditura. Le notti sono rigide, anche d'estate, e non tutti gli animali sono benevoli. Accendete un ramo per volta. Laggiù, un ramo di quell'acacia vischiosa. Brucia molto bene. Perlustreremo i crepacci e con il fuoco cacceremo aspidi e scorpioni. Andate."...

... E' notte sul fianco della montagna sotto un cielo stellato talmente chiaro e luminoso da sembrare tropicale; le stelle sono meravigliosamente grandi e luminose. Le costellazioni più grandi sembrano gruppi di schegge di diamante, di chiari topazi, di pallidi zaffiri, di tenui opali e delicati rubini che tremano, illuminano e scintillano, come sguardi nascosti per un istante dalle ciglia, e poi si

illuminano di nuovo più belli di prima. Ogni tanto
una stella attraversa il cielo in un fascio di luce,
simile al grido di giubilo di una stella che sorvola
vasti paesaggi e scompare all'orizzonte.
Gesù è seduto all'ingresso della caverna e parla
con i tre discepoli, che sono seduti in cerchio
attorno a Lui. Al centro, i tizzoni luminosi di un
fuoco che si estingue proiettano la loro luce
rossastra sui quattro volti.

"Sì. La nostra permanenza è finita. La mia ultima
permanenza qui è durata quaranta giorni... e vi

ripeto che era ancora inverno quassù... e non avevo cibo. Un po' più difficile di questa volta, vero? So che voi avete sofferto anche ora. Lo scarso cibo che vi ho dato era niente, soprattutto per dei giovani affamati. Era appena sufficiente a impedirvi di collassare. E l'acqua ancora meno. Il caldo è intenso durante il giorno. E voi direte che non era così d'inverno. Ma allora c'era un vento secco che soffiava da quella cima della montagna e mi seccava i polmoni. Si alzava dalla pianura carica di polvere del deserto e seccava più di questo calore estivo che può essere alleviato succhiando il succo di questi frutti aspri che sono quasi maturi. La montagna d'inverno dava solo vento e gelo, erbe pungenti accanto ad acacie spoglie. Non vi ho dato tutto perché ho conservato l'ultimo pane e formaggio e l'ultima fiasca d'acqua per il nostro viaggio di ritorno... so com'è stato il Mio viaggio di ritorno, esausto com'ero nella solitudine del deserto... Andiamo a prendere le nostre cose e andiamo. Questa sera è ancora più chiara della sera in cui siamo arrivati; non c'è la luna ma la luce sgorga dal cielo. Andiamo. Ricordatevi di questo posto. Ricordatevi di come Cristo si è preparato e di come gli apostoli si preparano. Lasciate che gli apostoli si preparino come Io insegno loro."

Si alzano. Simone smuove i tizzoni con un bastoncino, getta su di essi dell'erba secca per ravvivare il fuoco, da cui poi accende un ramo di acacia e lo mantiene all'entrata della caverna, mentre Giuda e Giovanni raccolgono i mantelli, le borse e le piccole fiasche di cuoio, di cui una è ancora piena. Poi strofina il ramo accanto la roccia per spegnere la fiamma, sparge i tizzoni rimasti con il piede, prende la sua sacca, indossa il mantello come gli altri e lo lega in vita in modo che non possa essergli di intralcio nel cammino.

Senza parlare, uno dietro l'altro, scendono lungo un sentiero molto ripido, facendo scivolare piccoli animali sulla scarsa erba, che corrono sotto i radi cespugli arsi dal sole. E' una discesa lunga e scomoda ma alla fine raggiungono la pianura. Anche qui, pietre e schegge di pietra nascoste sotto lo spesso strato di polvere sono insidiosi per i piedi, facendoli scivolare improvvisamente, a volte facendo male poiché, essendo invisibili, le schegge e le pietre sono impossibili da evitare.

L'avanzamento è lento. Ancora più avanti, nudi cespugli spinosi graffiano e tirano le estremità dei loro indumenti, ma qui possono almeno camminare più velocemente. In alto, le stelle spuntano sempre più amabilmente.

Camminano per ore, la pianura diventa sempre più arida e deprimente. Piccole scaglie, come scaglie di diamante, brillano in piccole fenditure e buche nel terreno e Giovanni si china a guardarle.

"E' il sale del sottosuolo che ne è saturo. Si infiltra in superficie con le piogge di primavera e poi si secca. E' per questo che la vita è impossibile qui. Il Mare dell'Est diffonde la sua morte per molte miglia attorno, attraverso profonde vene nel terreno. Solo dove fresche acque sorgive contrastano i suoi effetti, è possibile trovare piante e sollievo" spiega Gesù.

Continuano a camminare. Gesù si ferma alla roccia cava dove fu tentato da Satana. "Fermiamoci qui. Sedetevi. Sarà presto l'alba. Abbiamo camminato per sei ore e dovete essere affamati, assetati e stanchi. Prendete questo. Mangiate e bevete, seduti qui, accanto a Me, mentre Io vi racconto qualcosa che ripeterete ai vostri amici e al mondo."

Gesù apre la Sua sacca e ne estrae del pane e del formaggio, che taglia e offre. Dalla Sua fiasca versa dell'acqua in una piccola tazza e offre anch'essa, a turno.

"Tu non mangi, Maestro?"

"No, vi parlerò. Ascoltate. Una volta un uomo Mi ha chiesto se ero mai stato tentato. Mi ha chiesto se avessi mai commesso un peccato e se, qualora tentato, avessi mai ceduto. E è rimasto sorpreso perché, per resistere alla tentazione, Io, il Messia, avevo chiesto aiuto al Padre, dicendo: 'Padre, non indurmi in tentazione.'..."

Gesù parla lentamente, con calma, come narrando un evento con cui nessuno di loro aveva familiarità... Giuda china la testa come imbarazzato, ma gli altri sono così intenti a guardare Gesù che non lo notano.

"... Ora, amici, imparerete qualcosa di cui quell'uomo aveva solo una pallida idea. Dopo il Mio Battesimo sono venuto qui: Ero puro, ma non si è mai puri abbastanza rispetto a Dio, e l'umiltà di dire: 'Sono un uomo e un peccatore' è già un battesimo che purifica il cuore. Sono stato chiamato 'l'Agnello di Dio' dal santo profeta che vide la Verità e vide lo Spirito discendere sul Verbo e ungerlo con il suo crisma d'amore, che la voce del Padre riempì dal Paradiso, dicendo: 'Questo è il Mio Figlio adorato di cui Io sono ben Appagato.' Tu, Giovanni, eri presente quando il Battista ripeté queste parole... Dopo essere stato battezzato, sebbene fossi puro sia per la Mia natura che per il Mio aspetto, volevo 'prepararmi'. Sì, Giuda. Guardami. Che i Miei occhi possano dirti ciò che la Mia bocca ancora non dice. Guardami, Giuda. Guarda il tuo Maestro Che, sebbene sia il Messia, non si è ritenuto superiore all'uomo. Al contrario, sapendo di essere un uomo, Egli ha desiderato esserlo in tutto, eccetto nel cedere al male. Proprio così."

Giuda, ora a testa alta, guarda Gesù, di fronte a lui. La luce delle stelle fa brillare gli occhi di Gesù come due stelle fisse in un viso pallido.

"Se ci si vuol preparare ad essere insegnanti, è necessario essere stati allievi. Io, come Dio, sapevo tutto. La Mia conoscenza Mi permetteva di comprendere anche le lotte umane, sia per potere intellettuale che in maniera intellettuale, cioè senza alcuna esperienza pratica. Ma allora un Mio povero amico, un Mio povero figlio, avrebbe potuto dirmi: 'Tu non sai cosa vuol dire essere uomo e possedere sensi e passioni.' E sarebbe stato un giusto rimprovero. Io sono venuto qui, o piuttosto su quella montagna, a prepararmi... non solo alla Mia missione... ma anche alla tentazione. Vedi? Io sono stato tentato dove tu ora sei seduto. Da chi? Da un essere mortale? No. Il suo potere sarebbe stato troppo limitato. Sono stato tentato da Satana in persona.

Ero esausto; non avevo mangiato per quaranta giorni... Ma mentre ero impegnato in preghiera, tutto era stato dimenticato nella gioia di parlare con Dio – o, piuttosto, non dimenticato ma reso sopportabile. Lo sentivo come un disagio di natura materiale, confinato solo alla materia... poi sono tornato alla realtà... ero tornato nelle strade del mondo... e sentivo le necessità di coloro che si trovano nel mondo: fame, sete e il freddo mordente della notte del deserto. Il mio corpo era distrutto dalla mancanza di riposo, dal desiderio di un letto e da un lungo viaggio condotto in un tale stato di stanchezza che non sarei potuto andare oltre... Perché anch'io sono fatto di carne, Miei cari amici - vera carne - la Mia carne è soggetta alla debolezza comune a tutta la carne. E, con la Mia carne, possiedo un cuore. Sì, ho ricevuto la prima e la seconda delle tre parti che formano un uomo. Ho ricevuto la parte fisica con tutte le sue necessità e

le parte morale con le sue passioni. E mentre, con la Mia volontà, ho stroncato tutte le cattive passioni sul nascere, ho lasciato che le passioni sante crescessero come imponenti cedri secolari, cioè l'amore filiale, l'amore per la terra natale, l'amicizia, il lavoro, tutto ciò che è più buono e santo. E qui ho provato nostalgia per la Mia Madre lontana, qui ho sentito il bisogno della Sue cure per la Mia fragilità umana, qui ho sentito ancora una volta il dolore di separarmi dall'Unica Che Mi ha amato di un amore perfetto, qui ho realizzato quale dolore è riservato a Me e mi sono addolorato per il Suo dolore, povera Madre, che dovrà versare così tante lacrime per Suo Figlio e per la malvagità degli uomini, che non avrà più lacrime. E qui ho avuto esperienza della stanchezza dell'eroe e dell'eremita che in un momento di preavvertimento realizzano l'inutilità dei loro sforzi... ho pianto... tristezza... un'attrazione per Satana. Non è un peccato essere tristi in circostanze dolorose. E' un peccato andare oltre la tristezza e cadere nell'indolenza e nella disperazione.
Ma Satana arriva subito quando vede qualcuno in debolezza spirituale.
E' arrivato. Vestito da gentile viaggiatore. Egli assume sempre una sembianza gentile... Io ero affamato... e avevo trent'anni. Si è offerto di aiutarmi. Prima Mi ha detto: 'Dì alle pietre di diventare pane.' Ma prima... sì... ancora prima Mi ha parlato di una donna. Oh! Sa come parlarne. Lo sa molto bene. Ha corrotto prima lei, per renderla sua alleata nella corruzione. Io non sono solo il Figlio di Dio. Sono Gesù, il lavoratore di Nazaret. Ho detto all'uomo, che Mi stava parlando allora, colui che Mi ha chiesto se avessi avuto esperienza delle tentazioni e Mi ha quasi accusato di essere ingiustamente benedetto, perché non avevo peccato: 'L'atto si placa quando viene soddisfatto.

Una tentazione respinta non scompare, ma diviene più forte anche perché Satana la istiga.' Ho resistito alla tentazione sia della concupiscenza per la donna che della fame per il pane. E dovete sapere che Satana Mi ha proposto la donna come la migliore alleata per avere successo nel mondo, e aveva piuttosto ragione, da un punto di vista umano.

La tentazione non si è interrotta per la Mia osservazione: 'L'uomo non vive solo dei suoi sensi' ed egli Mi ha parlato della Mia missione. Voleva sedurre il Messia dopo aver fallito con il giovane Uomo. E Mi ha incitato a schiacciare gli indegni ministri del Tempio con un miracolo... Un miracolo, il fuoco del Paradiso, non dev'essere impiegato a formare una corona di vimini con cui incoronare se stessi... e non dobbiamo mettere alla prova Dio, chiedendo miracoli per scopi umani. Questo è ciò che Satana voleva. La ragione da lui menzionata era una scusa; la verità era: 'Millanta di essere il Messia', poiché voleva condurmi a un altra brama: la brama di orgoglio. Non si è scoraggiato per la mia risposta: 'Non devi mettere alla prova il Signore Dio tuo' e Mi ha raggirato con il terzo potere della sua natura: l'oro. Oh! L'oro. Il pane è una gran cosa, e una donna qualcosa di ancora più grande per coloro che desiderano cibo o piacere. Essere acclamato dalle folle è una cosa molto grande per l'uomo. Quanti crimini sono stati commessi per queste tre cose! Ma l'oro... l'oro! E' una chiave che apre, un cerchio che si chiude, è l'inizio e la fine del 99 percento delle azioni umane. Per il pane e una donna l'uomo diventa un ladro. Per il potere diventa anche un assassino. Ma per l'oro egli diventa un idolatra.

Il re dell'oro, Satana, Mi ha offerto il Suo oro se lo avessi adorato. L'ho trafitto con le parole eterne:

'Adora il Signore Dio tuo e a Lui solo rendi culto.'
E' successo qui."
Gesù è ora in piedi e sembra più alto del solito,
nella natura piatta che Lo circonda, nella luce
leggermente fosforescente della stelle. Anche i
discepoli si alzano. Gesù continua a parlare,
guardando attentamente Giuda.
"Poi sono arrivati gli angeli del Signore... L'Uomo
aveva vinto la triplice battaglia. L'Uomo sapeva
cosa significasse essere un uomo e aveva vinto.
Era esausto. La lotta era stata più estenuante del
lungo digiuno... Ma lo spirito era trionfante...
Penso che il Paradiso fosse sbalordito dal Mio
essere diventato una creatura perfetta dotata di
conoscenza. Penso che da quel momento Io abbia
ricevuto il potere di compiere miracoli. Ero Dio. Ero
divenuto Uomo. Ora, sconfiggendo la natura
animale connessa alla natura umana, ero l'Uomo-
Dio. E lo sono. E in quanto Dio sono onnipotente.
E in quanto Uomo sono onnisciente. Fate come Io
ho fatto, se volete fare ciò che Io faccio. E fatelo in
memoria di Me.
Quell'uomo era sorpreso del fatto che Io avessi
chiesto l'aiuto del Padre, e della Mia preghiera di
non essere indotto in tentazione. Cioè, di non
essere lasciato alla clemenza della tentazione oltre
la Mia forza. Credo che quell'uomo non sarà più
sorpreso, adesso che sa. Vi chiedo di fare lo stesso
in memoria di Me e per vincere come Io ho fatto. E
non dubitate mai della Mia natura di vero Uomo e
vero Dio, vedendo come sono stato forte in tutte le
tentazioni della vita, e come ho vinto le battaglie
dei cinque sensi, della sensualità e dei sentimenti.
Ricordate tutto ciò. Ho promesso di portarvi dove
sarebbe stato possibile per voi conoscere il
Maestro... dall'alba del Suo giorno, un'alba pura
come quella che sta ora nascendo, fino al
mezzogiorno della Sua vita. Il mezzogiorno che ho

lasciato per andare incontro alla Mia sera umana...
ho detto a uno di voi: 'Anch'io mi sono preparato';
ora vedi che è la verità. Vi ringrazio per la vostra
compagnia nel ritorno al luogo della Mia nascita e
al luogo della Mia penitenza. Il mio primo contatto
con il mondo Mi ha indebolito e depresso. E' troppo
cattivo. La mia anima ora è stata nutrita con la
forza del leone: l'unione con il Padre in preghiera e
solitudine. E posso tornare al mondo e portare la
Mia croce un'altra volta, la prima croce del
Redentore: la croce del contatto con il mondo. Con
il mondo, in cui ci sono troppo poche anime
chiamate Maria, chiamate Giovanni... Ora
ascoltate, e tu in particolare, Giovanni. Stiamo
tornando indietro verso Mia Madre e i nostri amici.
Vi chiedo di non parlare a Mia Madre della durezza
che è stata contrapposta all'amore di Suo Figlio.
Soffrirebbe troppo. Soffrirà tanto a causa della
crudeltà dell'uomo... ma non diamole il calice ora.
Sarà così amaro quando Le sarà dato! Così amaro
che si insinuerà come veleno nelle Sue sante
viscere e vene e le morderà e raggelerà il Suo
cuore. Oh!
Non dite a Mia Madre che Betlemme e Hebron Mi
hanno rifiutato come un cane! Abbiate
misericordia di Lei! Tu, Simone, sei anziano e
buono e, accorto come sei, non parlerai, lo so. Tu,
Giuda, sei un giudeo, e non parlerai per orgoglio di
patria. Ma tu, Giovanni, sei un Galileo, e giovane,
non commettere un peccato di orgoglio, critica e
crudeltà. Non parlare. Dopo... dopo voi
racconterete il resto di ciò di cui ora vi chiedo di
non parlare. C'è già tanto da dire su Cristo. Perché
aggiungere ciò che rappresenta l'opera di Satana
contro Cristo? Miei cari amici, Me lo promettete?"
"Oh! Maestro! Lo promettiamo. Stanne certo."
"Grazie. Andiamo in quella piccola oasi. C'è una
fonte, un pozzo pieno d'acqua fresca e c'è

dell'ombra e del verde. La strada verso il fiume
passa accanto ad essa. Troveremo cibo e ristoro
fino a sera. Alla luce delle stelle, raggiungeremo il
fiume, il guado. E aspetteremo Giuseppe o lo
incontreremo se è già di ritorno. Andiamo."
Partono mentre la prima sfumatura di rosa nel
cielo ad est annuncia il sorgere di un nuovo giorno.

Al Guado Del Giordano. Incontro Con I Pastori Giovanni, Mattia E Simeone.

Ci sono file di asinelli e gente che va e viene lungo la strada battuta che segue le verdi rive del Giordano. Anche sulla riva del fiume ci sono tre uomini che guardano alcune pecore al pascolo. Giuseppe attende sulla strada, guardando in alto e in basso. Da lontano, all'incrocio del percorso del fiume con la strada principale, Gesù appare con i tre discepoli. Giuseppe chiama i pastori che, guidando le pecore lungo la riva erbosa, camminano verso Gesù.

"Non ho il coraggio... Che devo dire per salutarlo?"
"Oh! Egli è così buono. Dì: 'La pace sia con Te.' Dice sempre così."
"Sì, Lui... ma noi..."
"Ed io? Non sono nemmeno uno dei Suoi primi adoratori ed è così legato a me... oh! Così tanto!"
"Qual è?"
"Quello più alto, con i capelli biondi."
"Mattia, gli diremo del Battista?"
"Certo che Glielo diremo!"
"Non penserà che abbiamo preferito il Battista a Lui? "
"No, Simeone. Se Egli è il Messia, Egli può vedere nei cuori degli uomini e nei nostri vedrà che nel Battista noi stavamo ancora cercando Lui."

"Sì, hai ragione."

Con i due gruppi ora a pochi metri di distanza, i pastori possono vedere Gesù che sorride loro con il Suo indescrivibile sorriso e Giuseppe allunga il passo. Anche le pecore, pungolate dai pastori, cominciano a correre.

"La pace sia con voi" dice Gesù alzando le braccia in un ampio abbraccio. "Pace a voi, Simeone, Giovanni e Mattia, fedeli a Me e fedeli a Giovanni il Profeta!..." Egli aggiunge specificamente a ciascuno dei pastori che ora sono in ginocchio. "... Pace a te, Giuseppe" e lo bacia sulle guance. "Venite, amici Miei. Sotto questi alberi sul letto scoperto del fiume e parliamo."

Scendono sul letto scoperto del fiume dove Gesù si siede su una grossa radice sporgente e gli altri sul terreno. Gesù sorride e li guarda attentamente, uno per uno: "Lasciatemi familiarizzare con i vostri volti. Le vostre anime Mi sono già note, anime che cercano e amano ciò che è buono e contrario a tutti i desideri terreni. Isacco, Elia e Levi vi mandano i saluti e ci sono altri saluti da Mia Madre. Avete notizie del Battista?"

Gli uomini, finora imbavagliati dall'imbarazzo, si fanno coraggio e infine trovano le parole: "E' ancora in prigione. I nostri cuori tremano per lui perché è nelle mani di un uomo crudele che è dominato da una creatura infernale e circondato da una corte corrotta. Lo amiamo... Sai che lo amiamo e che merita il nostro amore. Dopo che Tu lasciasti Betlemme, fummo perseguitati dagli uomini... ma eravamo afflitti e sconfortati perché Ti avevamo perso, piuttosto che per il loro odio, ed eravamo come alberi sradicati dal vento. Poi, dopo anni di sofferenze, come un uomo le cui palpebre sono state cucite lotta per vedere il sole, ma non ci riesce, anche perché è chiuso in prigione ma sente il calore del sole sul suo corpo, noi sentimmo che il Battista era l'uomo di Dio predetto dai profeti per preparare la strada al Suo Cristo e andammo da lui. Noi dicemmo: 'Se il Battista Lo precede, se andiamo dal Battista, troveremo Lui." Perché, mio Signore, sei Tu che stavamo cercando."

"Lo so. E Mi avete trovato. E ora sono con voi." "Giuseppe ci ha detto che Tu sei venuto dal Battista. Ma noi non c'eravamo quel giorno. Forse ci aveva mandato da qualche parte. Noi lo seguiamo nelle faccende spirituali, da quando ce lo ha chiesto, con tanto amore. E lo abbiamo ascoltato con amore, sebbene fosse così severo, perché non era Te – la Parola – ma ha sempre espresso parole di Dio."

"Lo so. E conoscete quest'uomo?" Chiede Gesù, indicando Giovanni.
"L'abbiamo visto con gli altri galilei nelle folle che erano più fedeli al Battista. E, se non sbagliamo, tu sei colui il cui nome è Giovanni, e di cui egli parlava a noi, i suoi discepoli più stretti: 'Ecco: Io sono il primo, egli è l'ultimo. E poi: egli sarà il primo ed io l'ultimo.' Ma non abbiamo mai capito cosa intendesse."

Gesù si volta verso Giovanni alla Sua sinistra, lo attira sul Suo cuore e, con un sorriso gentilissimo, spiega: "Intendeva dire che egli fu il primo a dire: 'Ecco l'Agnello' e che Giovanni qui sarà l'ultimo degli amici del Figlio dell'uomo a parlate dell'Agnello alle folle; ma che nel cuore dell'Agnello, Giovanni è il primo, perché è più caro di ogni altro uomo all'Agnello. E' questo che intendeva. E' quello

che ha detto." Ma quando vedrete il Battista – lo
rivedrete, e lo servirete ancora fino all'ora
predeterminata – ditegli che egli non è l'ultimo nel
cuore di Cristo. Non molto per il sangue, perché
per la sua santità, egli è amato quanto Giovanni. E
ricordate. Se il santo nella sua umiltà si proclama
'ultimo', la Parola di Dio si proclama uguale al
discepolo che è a Me caro. Ditegli che io amo
questo discepolo perché ha lo stesso nome e
perché trovo in lui i segni del Battista, che prepara
le anime per Cristo."
"Glielo diremo... Ma lo rivedremo?"
"Sì, lo rivedrete."
"Sì, Erode non oserà ucciderlo per paura del
popolo e alla sua corte, che è piena di avidità e
corruzione, sarà facile liberarlo se avremo molto
denaro. Ma, sebbene ce ne sia parecchio – perché
gli amici ne hanno dato tanto – ne manca ancora
tanto. E temiamo che non faremo in tempo... e che
possa essere ucciso."
"Di quanto pensate di avere bisogno per il
riscatto?"
"Non per il suo riscatto, Signore. Erodiade lo odia
molto e ha troppo controllo su Erode per
permettere la possibilità di un riscatto. Ma credo
che tutto il popolo avido del regno si sia radunato a
Macheronte. Tutti sono ansiosi di divertirsi e di
primeggiare; dai ministri ai servi. E, per farlo,
hanno bisogno di soldi... Abbiamo già trovato chi
farebbe uscire il Battista per una grossa quantità
di denaro. Forse anche Erode lo preferirebbe...
perché ha paura. Per nessun'altra ragione. Ha
paura del popolo e di sua moglie. In quel modo,
potrebbe accontentare il popolo e sua moglie non
lo accuserebbe di deluderla."
"E quanto vuole quella persona?"
"Venti talenti d'argento. Ma ne abbiamo solo dodici
e mezzo."

"Giuda, tu hai detto che quei gioielli sono belli."
"Sì, belli e di valore. "
"Quanto varranno? Penso che tu sia un esperto."
"Sì, sono un buon intenditore. Perché vuoi sapere
quanto valgono, Maestro? Vuoi venderli? Perché?"
"Forse... dimmi: quanto varranno?"
"Almeno sei talenti, se sono venduti bene."
"Sei sicuro?"

"Sì, Maestro. Solo la collana, così grossa e pesante, dell'oro più puro, vale almeno tre talenti. L'ho esaminata attentamente. E anche i bracciali... non so come il polso sottile di Aglae potesse tenerli."

"Erano le sue catene, Giuda."

"E' vero, Maestro... ma tanti vorrebbero avere delle catene così belle!"

"Credi? Chi?"

"Beh... molta gente!!"

"Sì, molti che sono esseri umani solo per nome... e conosci un possibile compratore?"

"Allora vuoi venderli? Ed è per il Battista? Ma guarda, è oro maledetto!"

"Oh! Umana inconsistenza! Hai appena detto, con evidente desiderio, che tanta gente amerebbe avere quell'oro, e poi dici che è maledetto?! Giuda, Giuda!... E' maledetto, davvero. Ma ella disse: 'Sarà santificato se sarà usato per gente povera e santa' ed è per quello che l'ha donato, in modo che chi ne beneficerà possa pregare per la sua povera anima che come l'embrione di una futura farfalla si espande nel seme del suo cuore. Chi è più santo e più povero del Battista? Egli è uguale a Elia nella sua missione ma più grande di Elia in santità. E' più povero di me. Io ho una Madre e una casa... E quando si possiedono queste cose, così pure e sante come le ho io, non si è mai disperati. Egli non ha più una casa, e non ha nemmeno la tomba di sua madre. Tutto è stato violato e sconsacrato dall'iniquità umana. Allora chi è il compratore?"

"Ce n'è uno a Gerico e tanti a Gerusalemme. Ma quello di Gerico!!! E' uno scaltro battiloro del Levante, un usuraio, un mediatore, un ruffiano, è certamente un ladro. Probabilmente un assassino. E' certamente perseguitato da Roma. Ha cambiato il suo nome in Isacco, per passare per Ebreo... ma il suo vero nome è Diomede. Lo conosco molto

bene..."
"Sì, lo vediamo!... " Interviene Simone lo Zelota, che parla poco, ma nota tutto. "... Come fai a conoscerlo così bene?"
"Beh... sai... per accontentare certi amici potenti. Andai a trovarlo... e sbrigai alcuni affari... sai... noi del Tempio..."
"Lo so... tu fai ogni genere di lavori" conclude Simone con fredda ironia. Giuda avvampa, ma resta in silenzio.
"Comprerà?" chiede Gesù.
"Credo di sì. Ha un mucchio di soldi. Ovviamente, bisogna essere abili a vendere perché il greco è scaltro e se si accorge di avere a che fare con una persona onesta, come una colomba, lo spenna senza pietà. Ma se ha a che fare con un avvoltoio come lui..."

"Dovresti andare tu, Giuda. Sei l'uomo giusto. Sei astuto come una volpe e predatore come un avvoltoio. Oh! Perdonami, Maestro. Ho parlato prima di Te!" Dice ancora Simone lo Zelota.
"Sono della stessa opinione, quindi dico a Giuda di andare. Giovanni, tu andrai con lui. Ci rincontreremo al tramonto e il punto d'incontro sarà la piazza del mercato. Andate. E fate del vostro meglio."
Giuda si alza subito e Giovanni volge i suoi occhi imploranti di cucciolo castigato su Gesù che, parlando ai pastori, non lo nota, così Giovanni parte dietro Giuda.

"Vorrei vedervi felici" dice Gesù.
"Tu ci renderai sempre felici, Maestro. Che Dio Ti benedica per questo. Quell'uomo è un Tuo amico?"
"Sì, lo è. Pensi che non dovrebbe esserlo?"
Il pastore Giovanni abbassa la testa e rimane in silenzio ma Simone parla: "Solo chi è buono, può

vedere. Io non sono buono, quindi non vedo ciò che
la Bontà vede. Io vedo l'esterno. Chi è buono
penetra anche all'interno. Tu, Giovanni, la vedi
come me. Ma il Maestro è buono... e vede..."
"Tu cosa vedi in Giuda, Simone? Voglio che tu Me
lo dica."
"Beh, quando lo guardo, penso a certi posti
misteriosi che sembrano covi di bestie feroci e
paludi infestate dalla malaria. Si può vedere solo
un grosso groviglio e, spaventati, tenersi alla
larga... Invece... dietro di esso ci sono tortore e
usignoli e il suolo è ricco di acque salutari e buone
erbe. Voglio credere che Giuda sia così... penso che
dovrebbe esserlo, perché Tu l'hai scelto. E Tu sai...
"
"Sì, lo so... ci sono molte imperfezioni nel cuore di
quell'uomo... Ma ha dei lati positivi. L'hai visto tu
stesso a Betlemme e a Kariot. E i suoi lati positivi
che sono umanamente buoni devono essere elevati
a una bontà spirituale. Giuda allora sarà come lo
vorrai. E' giovane..."
"Anche Giovanni è giovane... "
"E nel tuo cuore, tu concludi che sia migliore. Ma
Giovanni è Giovanni! Ama il povero Giuda, Simone,
ti supplico. Se lo amerai... sembrerà migliore."
"Cerco di amarlo per il Tuo bene. Ma egli blocca
tutti i miei sforzi come se fossero canne di
bambù... Ma, Maestro, esiste una sola legge per
me: fare ciò che Tu vuoi. Pertanto, amerò Giuda
sebbene qualcosa dentro di me mi urli contro."
"Cosa, Simone?"
"Non so esattamente cosa sia: qualcosa che
assomiglia all'urlo della guardia notturna... e mi
dice: 'Non dormire! Stai in guardia!' Non so. Quel
qualcosa non ha un nome. Ma è qui... in me,
contro di lui."
"Dimenticatene, Simone. Non sforzarti di dargli
una definizione. E' meglio non conoscere certe

verità... e potresti sbagliarti. Lasciale al tuo
Maestro. Dammi il tuo amore e stai sicuro che Mi
rende felice..."

Giuda Iscariota Racconta Di Come Ha Venduto I Gioielli Di Aglae A Diomede.

E' il tramonto di un giorno d'estate molto caldo, al mercato di Gerico. Ad eccezione di pochi passanti, alcune donne che vanno alla fontana e alcuni bambini litigiosi vestiti di stracci e che gettano pietre agli uccelli appollaiati sugli alberi, il mercato è vuoto. Resti di vegetali, mucchi di escrementi, paglia caduta dai cesti degli asini e stracci, tutti in fermento nel caldo del sole e coperti di mosche - tutto ciò che rimane del mercato del mattino. Arrivando sulla piazza da una strada laterale, Gesù si guarda intorno e, non vedendo nessuno, aspetta pazientemente, appoggiato ad un tronco d'albero. Mentre aspetta, parla con i ragazzi della carità che comincia da Dio e da Lui, il Creatore, discende su tutte le creature.

"Non siate crudeli. Perché volete tediare gli uccelli dell'aria? Essi hanno i loro nidi lassù, e i loro piccoli. Non fanno male a nessuno. Essi ci donano il loro cinguettare e la pulizia, perché mangiano la spazzatura lasciata dagli uomini e gli insetti che sono dannosi per i raccolti e per la frutta. Perché ferirli, o ucciderli, privando i piccoli dei loro padri e delle loro madri, o i genitori dei loro piccoli? Voi sareste felici se un uomo malvagio venisse a casa vostra e la distruggesse, o uccidesse i vostri genitori, o vi portasse via da loro? No, non sareste

felici. Bene, allora, perché fare a queste creature
innocenti ciò che non vorreste fosse fatto a voi?
Come potrete, un giorno, trattenervi dal far del
male agli uomini se, da bambini quali ora siete,
indurite i vostri cuori, e fate del male a piccole
creature indifese come questi uccelli? Non sapete
che la Legge dice: 'Ama il prossimo tuo come te
stesso'? Chi non ama il suo prossimo non ama Dio.
E chi non ama Dio come può andare nella Sua
Casa e pregarlo? Dio potrebbe dirgli, e lo dice in
Paradiso: 'Va' via. Io non ti conosco.
Tu, figlio Mio? No, no lo sei. Tu non ami i tuoi
fratelli, tu non rispetti in essi il Padre Che li ha
creati, perciò non sei un fratello e un figlio, ma un
figlio illegittimo: un figliastro per Dio, un
fratellastro per i tuoi fratelli." Vedete come ama il
Signore Eterno? Nei mesi freddi, Egli fa in modo
che i Suoi uccellini trovino le stalle piene di paglia,
in modo che possano annidarvisi. Nei mesi caldi,
Egli li protegge dal sole con il fogliame degli alberi.
In inverno il grano nei campi è semplicemente
coperto di terra ed è facile per essi trovare i semi e
nutrirsi. In estate essi placano la loro sete con il
succo dei frutti, e costruiscono solidi e caldi nidi
con la paglia e la lana lasciata sui rovi dalle pecore.
Ed Egli è il Signore. Voi, piccoli uomini, creati da
Lui come gli uccellini, e pertanto loro fratelli nella
creazione, perché volete essere diversi da Lui e
pensare di poter essere crudeli con questi piccoli
animali? Siate misericordiosi con tutti, non
privando nessuno di ciò che gli è dovuto: sia tra gli
uomini che tra gli animali, i vostri servitori, i vostri
amici e Dio..."
"Maestro?" Chiama Simone "Giuda sta arrivando."
"... e Dio sarà misericordioso con voi, e vi darà
tutto ciò di cui avrete bisogno, come fa con queste
creature innocenti. Andate e portate la pace di Dio
con voi."

Gesù si fa strada tra i ragazzi e alcuni degli adulti
che si sono uniti a loro, e va verso Giuda e
Giovanni, che stanno arrivando da un'altra strada.
Giuda è esultante. Giovanni sorride a Gesù... ma
non sembra molto felice.
"Vieni, vieni, Maestro. Penso di aver fatto bene. Ma
vieni con me. Non si può parlare qui in strada."
"Dove, Giuda?"
"All'albergo. Ho già prenotato quattro stanze... oh!
Niente di speciale, non preoccuparti. Solo per
riposare in un letto dopo tanto disagio in tutto quel
caldo, e per avere un pasto da uomini e non come
uccelli appollaiati sui rami, e anche per parlare in
pace. Ho venduto i gioielli a un buon prezzo, vero,
Giovanni?"
Giovanni annuisce ma non è molto entusiasta. Ma
Giuda è troppo soddisfatto del suo lavoro per
notare che Gesù non è molto felice all'idea di
alloggi confortevoli o che Giovanni è meno che
entusiasta delle sue trattative.
"Poiché l'ho venduto ad un prezzo più alto di
quanto avessi stimato, ho detto: 'E' giusto che ne
prenda una piccola quantità, cento monete, per i
nostri letti e pasti. Se noi siamo esausti, sebbene
abbiamo sempre avuto qualcosa da mangiare,
Gesù dev'essere completamente stanco.' Sono in
obbligo di assicurarmi che il mio Maestro non si
ammali! Un obbligo d'amore, perché Tu mi ami ed
io amo Te... C'è anche posto per voi e per le pecore"
dice ai pastori. "Ho badato a tutto."
Gesù non dice una parola, ma segue Giuda, come
anche gli altri.
Giungono in una piazza più piccola.
"Vedete quella casa senza finestre sulla strada e
con la piccola porta stretta che sembra una
fessura?..." indica Giuda "... E' la casa di Diomede,
il battiloro. Sembra una casa povera, vero? Ma
contiene abbastanza oro da poter comprare tutta

Gerico e... Ah! Ah!..." Giuda ride maliziosamente
"... tra tutto quell'oro, ci sono molti gioielli e
argenteria, ed altre cose, che appartengono alla
gente più influente di Israele. Diomede... oh! Tutti
fingono di non conoscerlo ma lo conoscono tutti:
dagli erodiani a... tutti. Su quel muro piatto e
liscio, si potrebbe scrivere: 'Mistero e Segreto'. Se
quei muri potessero parlare! ...'

'...Allora non ti scandalizzeresti del modo in cui ho
condotto questo affare, Giovanni! Tu... tu

moriresti, soffocato dallo stupore e dagli scrupoli. A proposito, ascolta, Maestro. Non mandarmi più con Giovanni per certi affari. Ha quasi rovinato tutto. Non sa cogliere le allusioni, non sa negare, mentre con gente scaltra come Diomede bisogna essere svelti e schietti."

Giovanni borbotta: "Tu dicevi certe cose... Così inaspettate e così... così... Sì, Maestro. Non mandarmi più. Sono buono solo ad essere gentile e amorevole... io..."

"E' molto improbabile che avremo ancora bisogno di simili transazioni."

"Laggiù c'è l'albergo. Vieni, Maestro. Parlerò io, perché ho organizzato tutto io."

Entrano, e Giuda parla con il proprietario, che fa portare le pecore in una stalla mentre conduce gli ospiti in una piccola stanza con due letti, alcune sedie e un tavolo già apparecchiato. Poi si allontana:

"Ti dico subito cosa è successo, Maestro, mentre i pastori sistemano le pecore."

"Ti ascolto."

"Giovanni può dire se sto dicendo la verità."

"Non ne dubito. Non serve un giuramento o un testimone tra uomini onesti. Dimmi."

"Siamo arrivati a Gerico a mezzogiorno, madidi di sudore, come bestie da soma. Non volevo dare a Diomede l'impressione che fossi in urgente bisogno. Così, prima di tutto, sono venuto qui, mi sono rinfrescato, ho indossato abiti puliti, e ho fatto fare la stessa cosa a Giovanni. Oh! Non ne voleva sapere di mettersi in ordine e profumarsi i capelli. Ma avevo programmato tutto mentre venivo qui!... Quando era quasi sera, ho detto: 'Andiamo.' Ma allora, eravamo ben riposati e freschi come due persone ricche in un viaggio di piacere. Quando stavamo per arrivare a casa di Diomede, ho detto a Giovanni: 'Sii sempre d'accordo con ciò che dico.

Non contraddirmi, e sii rapido a cogliere un cenno.'
Ma avrei dovuto lasciarlo fuori! Non è stato di
nessun aiuto. Piuttosto il contrario...
Fortunatamente io sono sveglio quanto due
persone, e ho gestito la situazione.
L'esattore stava per uscire di casa. 'Molto bene!' Ho
detto. 'Se sta uscendo, troveremo il denaro e ciò
che serve per fare un confronto.' Perché l'esattore,
essendo un usuraio e un ladro come tutti quelli
come lui, ha sempre preso le collane con minacce
ed estorsioni alla povera gente che egli tassa più di
quanto sia lecito, per avere tanto denaro da
spendere in feste e donne. Ed è molto amico di
Diomede, che compra e vende oro e carne... Siamo
entrati dopo essermi presentato. Ho detto: siamo
entrati. Perché c'è una differenza tra andare
all'ingresso, dove egli finge di svolgere un lavoro
onesto, e scendere al piano interrato, dove egli
svolge i suoi veri affari. Deve conoscerti molto bene
per permetterti di entrarvi. Appena mi ha visto, ha
detto: 'Vuoi vendere più oro? Siamo in un periodo
di difficoltà e ho pochi soldi." La sua solita vecchia
storia. Io ho risposto: "Non sono venuto a vendere,
ma a comprare. Hai dei gioielli per una donna? Ma
devono essere belli, di valore, pesanti, di oro puro!"
Diomede era sbalordito. E mi ha chiesto: 'Vuoi una
donna?' 'Non preoccuparti di questo' gli ho
risposto. 'Non sono per me. Sono per questo mio
amico che sta per sposarsi e vuol comprare dei
gioielli per la sua adorata sposa.'
A questo punto, Giovanni ha iniziato a comportarsi
come un bambino. Diomede, che lo guardava, l'ha
visto diventare viola, ed essendo un uomo
indecente, ha detto: 'Ah! Il ragazzo ha appena
sentito nominare la sua sposa ed è in calore. E'
molto bella la tua donna?' ha chiesto. Ho dato un
calcio a Giovanni per scuoterlo, e per fargli capire
di non comportarsi da sciocco. Ma ha risposto 'Sì'

come se fosse stato strangolato e Diomede si è
insospettito. Poi io ho detto: 'Se è bella o no non
sono affari tuoi, vecchio. Non sarà mai una delle
donne per le quali andrai all'inferno. E' una vergine
onesta, e sarà presto una moglie onesta. Mostraci
il tuo oro. Sono il suo testimone ed è mio compito
aiutare il giovane... sono un cittadino giudeo."
"Lui è galileo, vero?" I vostri capelli vi tradiscono
sempre. "E' ricco?"
"Sì, molto."
Allora siamo scesi al piano inferiore e Diomede ha
aperto i suoi scrigni e le sue casse del tesoro. Ma dì
la verità, Giovanni, non ci sembrava di essere in
Paradiso con tutti i gioielli e l'oro? Collane, corone,
braccialetti, orecchini, retine d'oro per capelli e
pietre preziose, fermagli, fibbie, anelli... Ah! Che
splendore! Arrogantemente, ho preso una collana
più o meno come quella di Aglae. E anelli, fibbie,
bracciali, tutto come ciò che ho nella mia borsa, e
nella stessa quantità. Diomede era sorpreso e
continuava a chiedere: 'Cosa! Altro ancora? Ma chi
è quest'uomo? E chi è la sua sposa? Una
principessa?' Quando avevo preso tutto ciò che
volevo, ho detto: "Il prezzo?"
Oh! Che sfilza di lamenti introduttivi sul periodo, le
tasse, i rischi, i ladri! E un'altra sfilza di
rassicurazioni sulla sua onestà! E poi ha risposto:
'Solo perché sei tu, ti dico la verità. Senza
esagerare. Me senza un centesimo in meno. Voglio
dodici talenti d'argento.'
'Ladro!' Ho detto. E ho aggiunto: 'Andiamo,
Giovanni. A Gerusalemme troveremo qualcuno che
non è un tale ladro come lui' e ho fatto finta di
andarmene. Mi è corso dietro. 'Mio grande amico,
mio amico adorato, vieni, ascolta il tu povero
servitore. Non posso accettare di meno. E'
impossibile. Guarda. Farò uno sforzo al costo di
rovinarmi. Lo farò perché tu mi hai sempre onorato

con la tua amicizia, e mi hai fatto fare buoni affari.
Undici talenti, tant'è. E' quanto pagherei se dovessi
comprare quell'oro da qualcuno in necessità. Non
un centesimo di meno. Sarebbe come svenarmi.'
Non è quello che ha detto? Mi ha fatto ridere e mi
ha disgustato allo stesso tempo.
Quando ho visto che era piuttosto determinato sul
prezzo, l'ho tratto finalmente in inganno. 'Sporco
vecchio farabutto. Tieni presente che non voglio
comprare, al contrario, voglio vendere. Ecco ciò che
voglio vendere. Guarda. Sono belli come i tuoi. Oro
da Roma all'ultima moda. Andranno via come il
pane. Puoi averli per undici talenti. Esattamente
quanto hai chiesto per i tuoi. Tu hai fissato il
prezzo, e tu paghi.' Avresti dovuto sentirlo. 'Questa
è slealtà! Hai tradito la stima che avevo per te! Tu
vuoi rovinarmi! Non posso pagare tanto!' Ha urlato.
'Tu hai stimato il suo valore. Dunque paga!' 'Non
posso.' 'Guarda, lo porterò a qualcun altro.' 'No,
amico mio, non farlo', ed ha allungato le braccia a
uncino verso il mucchio d'oro di Aglae. 'Bene,
allora paga: Dovrei chiederti dodici talenti. Ma sarò
soddisfatto dell'ultimo prezzo che hai chiesto.' 'Non
posso.' 'Usuraio! Guarda, ho qui un testimone e
posso denunciarti come ladro...' e ho citato altre
sue virtù che non ripeterò per questo ragazzo...
Alla fine, poiché ero ansioso di vendere e chiudere
velocemente la questione, gli ho sussurrato
qualcosa all'orecchio, qualcosa che non manterrò...
Che peso ha una promessa fatta a un ladro... E ho
chiuso l'affare a dieci e mezzo. Siamo andati via
mentre lui si lamentava e offriva la sua amicizie e...
donne. E Giovanni era quasi in lacrime. Cosa
importa se pensano che tu sia un degenerato!
Niente, dato che non lo sei. Non sai che il mondo è
così, e che tu sei un fallimento per il mondo? Un
giovane uomo che non ha avuto esperienze di
donne? Chi pensi che ti crederà? O se ti credono,

bene! Non vorrei che pensassero di me ciò che potrebbero pensare di te, se credono che non desideri le donne.

Ecco, Maestro. Contali Tu stesso. Avevo una pila di monete. Ma sono andato dall'esattore e gli ho detto: 'Prendi questa spazzatura e dammi i talenti che Isacco ti ha dato.' Quella è stata l'ultima informazione che ho ricevuto prima di chiudere l'affare. Ma l'ultima cosa che ho detto a Isacco-Diomede è stata: 'Ricordati che Giuda del Tempio non esiste più. Ora sono il discepolo di un sant'uomo. Dunque fingi di non conoscermi, se ti è cara la vita.' Ed ero sul punto di strozzarlo perché mi ha dato una dura risposta."

"Cosa ti ha detto?" Chiede Simone, freddamente.

"Ha detto: 'Tu, il discepolo di un sant'uomo? Non ci crederò mai, o presto vedrò qui il tuo sant'uomo, a chiedere una donna. Ha detto: 'Diomede è una vecchia sventura per il mondo. Ma tu ne sei una nuova. Ed io posso ancora cambiare, perché sono diventato ciò che sono da vecchio. Ma tu non cambierai. Sei nato così. ' Sporco vecchio! Nega la Tua potenza, vedi?"

"Ed essendo un buon greco, dice la verità."

"Cosa intendi, Simone? Ti riferisci a me?"

"No. Mi riferisco a tutti. E' un uomo che conosce allo stesso modo l'oro e i cuori degli uomini. E' un ladro, il suo è il più sporco di tutti gli affari sporchi. Ma in lui si percepisce la filosofia dei grandi greci. Conosce l'uomo, l'animale con sette mascelle peccaminose, la piovra che soffoca la bontà, l'onestà, l'amore e molte altre cose, sia in se stesso che negli altri."

"Ma non conosce Dio."

"E vorresti insegnarglielo?" Chiede Simone.

"Sì, vorrei. Perché? Sono i peccatori che hanno bisogno di conoscere Dio."

"E' vero. Ma... il maestro deve conoscerlo per
insegnarlo."

"Ed io non lo conosco?"

"Pace, Amici. I pastori stanno arrivando. Non
turbiamo le loro anime con le nostre discussioni.
Hai contato il denaro? E' sufficiente. Porta a
termine tutte le tue azioni come hai portato a
termine questa, e lo ripeto un'altra volta, in futuro,
se puoi, non dire bugie, nemmeno per una giusta
causa."

I pastori entrano.

"Amici. Ecco dieci talenti e mezzo. Mancano cento
monete che Giuda ha tenuto per le spese
dell'albergo. Prendeteli."

"Glieli dai tutti?" Chiede Giuda.

"Sì, fino all'ultimo. Non voglio un centesimo di quel
denaro. Abbiamo le offerte di Dio e di coloro che
cercano Dio onestamente... e non ci mancherà mai
il necessario. Credimi. Prendete i soldi e siate felici,
come lo sono Io, per il Battista. Domani, andrete
verso la sua prigione. Due di voi: cioè Giovanni e
Mattia. Simone e Giuseppe andranno da Elia a
fargli rapporto e a ricevere istruzioni per il futuro.
Elia sa. Dopo, Giuseppe ritornerà con Levi. Il
punto d'incontro, tra dieci giorni, è alla Porta dei
Pesci a Gerusalemme, al tramonto. Ed ora,
ceniamo e riposiamo. Domani, all'alba, partirò con
i Miei discepoli. Non ho altro da dirvi per ora. Mi
farò sentire dopo."

E Gesù spezza il pane e lo passa a turno.

www.ingramcontent.com/pod-product-compliance
Lightning Source LLC
Chambersburg PA
CBHW060022050426
42448CB00012B/2843